国家级非物质文化遗产

梨园润童心

孙云泽◎著

中国海洋大学出版社

·青岛·

图书在版编目（CIP）数据

梨园润童心 / 孙云泽著.—青岛：中国海洋大学出版社，2023.9
ISBN 978 – 7 –5670 – 3644– 4

Ⅰ.①梨… Ⅱ.①孙… Ⅲ.①戏曲教育–教学研究–小学 Ⅳ.①G623.712

中国国家版本馆CIP数据核字（2023）第182453号

LIYUAN RUN TONGXIN
梨园润童心

出版发行	中国海洋大学出版社		
社　　址	青岛市香港东路23号	邮政编码	266071
出 版 人	刘文菁		
网　　址	http://pub.ouc.edu.cn		
电子信箱	1193406329@qq.com		
订购电话	0532-82032573（传真）		
责任编辑	孙宇菲	电　　话	0532-85902349
印　　制	青岛国彩印刷股份有限公司		
版　　次	2023年9月第1版		
印　　次	2023年9月第1次印刷		
成品尺寸	160mm×230mm		
印　　张	14.25		
字　　数	113千		
印　　数	1～4000		
定　　价	68.00元		

发现印装质量问题，请致电 0532-58700166，由印刷厂负责调换。

序 一

即墨区第四实验小学（以下简称实验四小）是一所地处城乡接合处的局属小学，2014年由寄宿制转为走读制，通过师生多年的共同努力，取得了一定的成绩。这样一所学校，如何通过办学理念的带动，校园文化的引领，办学方式的转变，做好传承、守正与创新，推进学校更加全面的发展，是学校成员一直探讨的问题。

即墨柳腔，国家级非物质文化遗产，她深深地烙在即墨人的心里，从四五岁的幼童到耄耋老人，骨子里都或多或少地有她的印迹。实验四小自2010年将即墨柳腔引进校园。2015年，即墨柳腔少儿培训基地在学校成立，柳腔由社团进入校本课程。近几年，学校挖掘戏曲中道德、文学、艺术、武术、合作、实践等育人要素，并将其与学生核心素养的培养相结合，在戏曲传承中培养学生多方面的品质与能力，最终形成了与"五育"发展相融合的大戏曲教育模式。在此期间，市区教育部门也对此项工作高度给予重视和支持，即墨文旅局、柳腔剧团各位领导和专业老师对于柳腔走进实验四小付出了巨大的心血。学生参加过全国艺术展演、央视少儿、教育频道等演出，并获全国小梅花最佳集体节目奖、省展演一等奖等成绩。学校先后获得"全国中小学优秀传统文化传承学校"、山东省教学成果二等奖等荣誉，"梨园润童心"也成为学校的一张特色名片。

该书比较全面地总结梳理了实验四小戏曲进校园的一些经验和做法，相信对于传统文化的传承及学校的发展都有些许借鉴作用。

2023年5月

序 二

　　黄海之滨，崂山西侧，青山绿水之间，有一座崂山书院。偶然出游，见书院中矗立着一座戏台，高六七米，纵五六米，宽十余米，上端各有飞檐三个，遍布飞龙花鸟，由黄杨木雕刻而成，甚是精美。更为神奇的是戏台上方为一穹顶，据称"藻井"，上用卯榫拼接，由内而外一圈圈的孔洞连通，能使人声洪亮通透，余音绕梁。

　　戏台，不仅仅是一种建筑，更重要的是，风雨沧桑，历经千年，她依然是中国深邃思想、博大文化、丰富艺术的展现之地。中国戏曲，在思想上或说理明义，或劝善向真；在语言上或平白晓畅，或文雅工整；在音乐、服装、舞美上更是呈现出万千变化的艺术美感。中国戏曲讲述着王侯将相的兴衰，描画着市井百姓的悲喜，融入了中国老百姓的血液和骨髓，是中华文化最为重要的代表之一。

　　现在，各色剧院取代了古老的戏台，但戏曲其无穷的魅力依然，眼前矗立的戏台便证明了这一点。即墨柳腔，被誉为"胶东之花"。作为一名教育工作者，同时也是一位柳腔爱好者，引导下一代走进戏中大舞台，浸润、传承、发扬优秀传统文化，责无旁贷！

　　经过各方十多年的共同努力、实践探索，柳腔已经在我校生根发芽，并已初现成果。该书从柳腔为什么进校园，什么时间进校园，怎样进校园等几个方面进行论述，并附加了部分资料和成果，以期对同行有所启迪。

刘翠玲

2023 年 5 月

目 录

·

第一章 戏曲进校园的认识与思考

第二章 柳腔进校园的一些做法

第三章　柳腔故事

第四章　柳腔进校园历程

第一章　戏曲进校园的认识与思考

戏曲进校园的政策文件

近 10 年来，党中央、国务院及各部门相继出台了弘扬传统文化的政策文件，为戏曲进校园工作提供了有力的指引和推动。

一、部分政策文件

1. 2015 年 7 月，国务院办公厅印发《关于支持戏曲传承发展若干政策》（国办发〔2015〕52 号）。

2. 2017 年 1 月，中共中央办公厅国务院办公厅印发《关于实施中华优秀传统文化传承发展工程的意见》。

3. 2017 年 10 月，中共中央宣传部、教育部、财政部、文化和旅游部联合发布《关于戏曲进校园的实施意见》（中宣发〔2017〕26 号）。

4. 2020 年 10 月，中共中央办公厅国务院办公厅印发《关于全面加强和改进新时代学校美育工作的意见》。

5. 2022 年 3 月，教育部印发《义务教育课程方案和课程标准（2022 年版）》（教材〔2022〕2 号）。

二、相关文件主要内容要求

1.《关于支持戏曲传承发展若干政策》。

力争在"十三五"期间，健全戏曲艺术保护传承工作体系、学校教育与戏曲艺术表演团体传习相结合的人才培养体系，培育有利于戏曲活起来、传下去、出精品、出名家的良好环境，形成全社会重视戏曲、关心和支持戏曲艺术发展的生动局面。

加强学校戏曲通识教育。结合学校教育实际，强化中华优秀传统文化，特别是戏曲内容的教育教学。鼓励学校建设戏曲社团和兴趣小组，

鼓励中小学与本地戏曲艺术表演团体合作开展校园戏曲普及活动。鼓励中小学特聘校外戏曲专家和非物质文化遗产传承人担任学校兼职艺术教师。

2.《关于戏曲进校园的实施意见》。

加强戏曲通识普及教育，增进学生对戏曲艺术的了解和体验，引领学生树立正确的审美观念、陶冶高尚的道德情操、培育深厚的民族情感，促进学生全面发展，营造戏曲传承发展的良好环境。

要广泛开展形式多样的学校戏曲教育活动。各级各类学校要贴近校园生活，充实艺术教育课堂，根据学生认知水平和心理特点，积极探索创新具有时代特征、校园特色和学生特点的戏曲教育形式，如戏曲名家进校园、戏曲展演展示、戏曲赏析（讲座）等群体性活动，形成本地本校的特色和传统。

3.《义务教育课程方案和课程标准（2022年版）》。

了解戏曲编演的方法，具有运用多种艺术手段进行戏曲演出的基本能力。能对戏曲艺术作品进行初步欣赏和分析，具有初步表达观剧感受和见解的能力，并逐步形成向善、向美的价值观。了解中国戏曲艺术所具有的独特的审美特征，坚定文化自信。积极参与戏曲活动，养成与同伴合作的意识和团队精神。能在脚本创编和剧目演出过程中，增进对他人及自我的理解，促进身心健康成长；通过创作、欣赏和应用活动，牢固树立社会主义核心价值观，传承和弘扬中华优秀传统文化、革命文化、社会主义先进文化。

三、其他相关政策措施

1. 教育部办公厅、文化和旅游部办公厅、财政部办公厅高雅艺术进校园活动10余年。

2. 为切实将中华优秀传统文化全方位融入学校体育、美育全过程，引领青少年学生传承中华优秀传统文化、汲取中国智慧、弘扬中国精神、传播中国价值，2017年起教育部办公厅开展全国中小学中华优秀传统文化传承学校遴选工作，传承项目包括民族民间音乐、戏曲等。

3. 2021年4月，教育部成立中国戏曲教育指导委员会等三个教育指导委员会，切实加强中国书法、武术、戏曲教育工作，深化中国书法、武术、戏曲教育改革，进一步传承发展中华优秀传统文化，丰富拓展校园文化。

中国戏曲及即墨柳腔

中国戏曲是将语言、文学、音乐、美术、舞蹈、杂技以及其他多种艺术形式综合在一起的舞台艺术，从古代的原始歌舞到汉唐以后逐渐成形，与希腊悲剧和喜剧、印度梵剧并称为世界三大古老的戏剧文化。中国戏曲具有独特的价值，具体表现在政治性、思想性、教育性、文化性、历史性、审美性等多个方面。

即墨柳腔有着浓郁的乡土气息，深受人民群众喜爱，被誉为"胶东之花"。民谣说："进了即墨地儿，踩了两脚泥儿，吃着地瓜干儿，听着柳腔戏儿。"诗人贺敬之1984年来即墨时也写下了"杯接田单饮老酒，醉人乡音听柳腔"的诗句。2008年，即墨柳腔被列入国家级非物质文化遗产名录，即墨因之也成了"中国民间文化艺术之乡"。中国教育电视台"非遗中国"栏目曾对其进行了专门报道，即墨柳腔以它独有的艺术魅力，成为即墨通行古今的一张"文化名片"。

一、即墨柳腔的起源

柳腔是中国戏曲的一种，距今已有200多年的历史。1991年版《即墨县志》记载：乾隆年间，年景不好，民众背井离乡，来即墨者甚多，利用他们那里的小调演唱乞讨，后来与当地的民间小曲、秧歌相互融合，不仅声调发生了变化，而且由说唱体逐步演变为板腔体，深受群众欢迎。1900年前后，柳腔采用了四弦胡琴伴奏，配以唢呐帮腔。因没有乐谱，琴师拉的和演员唱的不能完全协调，它们之间就互相配合着往上"溜"，因而被人们称为"溜腔"。后来，艺人们觉得"溜"字不雅，就借用同音字"柳"字，正式定名为"柳腔"。在演出过程中，伴奏乐器逐步完善，角色分工越来越细，化妆、服饰和脸谱也有了较严格的要求，流传的地区也更为广泛。

新中国成立后，柳腔获得新的发展，业余剧团遍及城乡，即墨县于1956年成立了专业柳腔剧团。1959年，柳腔剧团三进中南海，向中央领导和戏剧界知名人士及首都人民汇报演出《割袍》《赵美蓉观灯》等剧目。如今，即墨柳腔剧团是这个剧种唯一的专业剧团，被文化和旅游部列入"天下第一团"的行列中。

1980年，柳腔剧团演出的《花灯记》剧照

二、柳腔的音乐及唱腔

柳腔与茂腔、五音戏血缘相近，采用民乐伴奏，分为文场和武场。文场由弦乐和管乐组成，弦乐主要乐器有四胡、二胡、琵琶、扬琴等；管乐有笙、唢呐、笛子等。武场的主要乐器有板、鼓、锣、钹等。

悲调和花调是基本唱腔。唱腔委婉细腻，优美流畅，有着强烈的地方色彩和浓郁的乡土气息。特别是在"四弦胡琴儿"悠扬悦耳曲调的伴

奏下，加上柳腔特有的向上翻高 8 度或 6 度的尾音"勾勾腔"，听来余音袅袅、绕梁三匝，令人痴迷。

三、柳腔的语言特点

柳腔运用即墨地区方言，朴素亲切，充满生活气息。同时，善于运用比兴和夸张手法，增强感染力。即墨话是青岛方言的基础，当地特有的文化特色促成了方言中某些特有词语的产生。

即墨方言句例：太阳——"日头"（yì tou）；深夜——"瞎晚儿"；饿——"饥困"；饮——"哈"；蛇——"长虫"。

四、柳腔的表演

柳腔的表演在长期的实践中逐步形成了"手、眼、身、法、步"的基本功法，使唱、念、做、打、舞有机地结合起来，提高了表演的艺术性。柳腔以演出剧情曲折的唱工戏为主，包括悲剧、喜剧、闹剧等。20世纪 20 年代开始，柳腔与当地民间武术结合，也开始演武戏，出现了刀马旦、武生等行当，逐步形成了程式化的武打套路。

唱、念、做、打是戏曲表演的特殊艺术手段，四者有机结合，构成了戏曲表现形式的特点，是戏曲有别于其他舞台艺术的重要标志，也是柳腔的四种艺术手段。

"唱"指歌唱，运用声乐技巧来表现人物的性格、感情和精神状态，通过声乐的艺术感染力，表达剧中人的心曲。

"念"指具有音乐性的念白，是经过艺术提炼的语言，具有节奏感和音乐性，铿锵悦耳，与唱相互协调。

"做"泛指表演技巧，一般又特指舞蹈化的形体动作，是戏曲有别于其他表演艺术的主要标志之一。不同角色手、眼、身、步各有多种程式，髯口、翎子、水袖的表演也各有多种技法，灵活运用这些程式化的舞蹈语汇，能够突出人物性格、年龄、身份上的特点，并使自己塑造的艺术形象更生动。

"打"是戏曲形体动作的另一个重要组成部分，是传统武术的舞蹈化，也是生活中格斗场面的高度艺术提炼。

五、柳腔的角色

柳腔角色同样分为生、旦、净、末、丑等行，与其他剧种基本相同。

六、柳腔剧目

柳腔剧目相当丰富，共有传统剧目120余个，移植剧目、现代剧目100余个。传统剧目主要有"四大京"和"八大记"，包括《卖宝童》《罗衫记》《状元与乞丐》等。大多数剧目以倾诉人民心声、表达人们美好愿望、颂扬英雄人物和批判人间邪恶为主题。少数剧目则含有封建迷信、因果报应等糟粕。现在，柳腔剧团复排了《三女拜寿》《卷席筒》《状元与乞丐》《寻儿记》等30余部传统经典剧目，新创了《田横别齐》《即墨大夫》等近20部柳腔作品，出版了《柳茂腔传统剧目集（上、下）》专刊。

柳腔展演《三女拜寿》

七、柳腔剧本

戏曲剧本，是指供戏曲舞台演出用的文学参照。剧本不仅可以供舞台演出使用，而且作为一种独立的文学样式可供人们阅读和欣赏。柳腔剧本与其他戏曲剧本一样，具有如下特点。

1. 强烈的戏剧冲突。

没有冲突就没有戏剧，柳腔剧本中的冲突是社会生活中的矛盾的反映。因为柳腔起源于人民群众，所以其中的戏曲冲突与人民日常生活息息相关，都是戏剧创作者对自身生活中的矛盾进行选择、提炼、集中概括和艺术加工的结果，是最足以展示人物性格、人物关系的。如柳腔剧《状元与乞丐》中的文龙与文凤同年同月生，文龙被舅父算命断定为"乞丐命"，文凤被断定为"状元命"，可是随着剧情的发展，人物的命运却向相反的方向逆转，同预言者的断定恰恰相反。剧本从家庭、学堂、社会等各个角度，写出促使两个孩子走向不同人生道路的典型环境，令人信服地展示了人物的必然归宿，从中揭示出不同教育态度和教育方法给孩子带来的不同结果。

2. 鲜活生动的人物语言。

剧本的人物语言是剧作家塑造艺术形象、揭示人物性格、表现矛盾冲突、反映生活内容的根本手段。柳腔因为起源于民间，所以语言简洁明了，口语化强，易于接受和引起人们共鸣。

3. 丰富的行动语言。

所谓动作性语言就是人物行动过程中表达的意义，柳腔演员来源于普通大众，所以戏曲中人物的神态举止、内心活动、感情意向，都是演员与戏曲人物融合的结果。

戏曲进校园的现状

一、京剧进校园的现状

京剧进校园工作在全国开展得轰轰烈烈，全国各地的学校也都纷纷在学生中开展学习京剧的工作。教育部自 2008 年在北京、天津等 10 省（市）中小学开展京剧进课堂试点，一至九年级学生学唱 15 首京剧经典唱段。其中《包龙图打坐在开封府》（传统京剧《铡美案》选段）、《要学那泰山顶上一青松》（样板戏《沙家浜》选段）、《万紫千红分外娇》（样板戏《红色娘子军》选段）、《报灯名》（传统京剧《打龙袍》选段）等经典唱段榜上有名，有很多学校的学生能够进行全部唱段的演唱，而且搬上了舞台。

哈尔滨工程大学出版了《京剧进课堂》一书，书中比较系统地介绍了京剧的起源、行当、人物造型、流派、唱腔等，全国各地也出版了大量的京剧校园读本。这些举措，有力地推动了戏曲在中小学生中的传播，弘扬了传统文化。

二、地方戏曲进校园的现状

与京剧一样，许多学校能够很好地将地方戏曲的传承与发展与本校教育教学有机结合，充分发挥地方与学校优势，让地方戏曲走进校园。

河南豫剧就是一个典型的代表。在河南，豫剧走进了很多学校，特别是在郑州市、周口市等许多学校都开展得非常好，而且涌现出了一大批优秀小演员，从河南电视台举办的"梨园春"栏目中，我们可以看到，不少学生年龄虽然小，但是妆扮到位、唱腔纯正、唱念做打样样都行。川剧也是一个非常有名的地方剧种，在四川本地更是家喻户晓，也走进

了许多中小学。

茂腔，是山东比较有特色的戏曲，是柳腔的姊妹戏，同样被列入国家级非物质文化遗产名录。近几年，茂腔走进了胶州、高密、日照等诸多中小学生校园，多次在市艺术节及其他大型活动中亮相。

三、柳腔进校园的现状

柳腔进校园近年来得到本地各级部门的高度重视，柳腔剧团在全区设立 8 所学校重点推进，从政策、师资、资源等多方面对柳腔进校园加以支持。安排专业教师到学校巡回指导，每年还进行多场柳腔进校园演出活动，小学生们参加的柳腔表演也多次被搬上舞台，社会普及程度大大提高。

四、地方戏曲进校园过程中存在的主要问题

综上所述，通过多年的努力，戏曲进校园取得了一定的成绩，主要做了三方面的工作：一是演唱；二是保护传承非遗，弘扬传统文化；三是推动学校艺术教育的发展。

但是，我们也看到，多数学校还是停留在独唱或齐唱一段戏，或者仅仅是表演一个片段。我们也经常看到，孩子们穿着华丽的戏曲服装，化了浓浓的戏曲妆，在舞台上机械地模仿。在教育部推动戏曲进课堂的15 首经典唱段中，仅仅选择的是京剧选段，其中样板戏就占了 9 段，而且都是成年人的戏，学生只是在音乐课上简单地模唱及表演，没有创编新时代适合少年儿童的作品。关于出版的京剧及地方戏曲的书籍，多数是介绍本剧种的起源、角色行当、唱腔等，没有涉及戏曲的其他方面，更不用说兼顾戏曲的育人功能。戏曲进校园，主要存在如下问题。

1.师资匮乏。

剧团专职创作人员及演员缺乏对学校基本教育教学规律的认识，而学校没有在戏曲方面有专长的师资。现有的音乐教师以声乐为主，缺乏

对戏曲专业知识的掌握，语文、美术等其他学科教师对于戏曲的了解更是不足。所以，戏曲教学的师资存在外聘教师没有相应的专业教学经验，本校教师专业水平不高、实践经验不足等短板。

2. 资源缺乏。

传统戏曲中多是封建孝道、迷信及老旧的历史题材故事等，作品冗长且缺少新意，而且在唱腔与对白中有许多民间低俗的语言不适合青少年的模仿和学习，适合青少年的现代题材作品更是少之又少。如何对传统作品进行改编或删减，重新编排有教育价值的历史作品，并且将现实生活中具有育人价值的事件进行开发加工创作实践，使其既符合原貌，又具有现代的生活特点，这也是摆在师生面前的一个课题。

3. 教学方式及评价单一。

戏曲教学在多数学校主要还是作为音乐教学的一部分来进行，学校如何把地方戏曲教学的内容进行分解，把与音乐相关的唱腔、身段指导，与语文相关的剧本、台词的理解，与体育相关的武术表演，与美术相关的戏曲绘画及化妆相互融合，通过单个剧目的排练演出，让学生得到全方位的训练；同时对戏曲的学习如何评价，是采用传统的考试形式还是创新评价方式，这也是学校在教学中探索的一个课题。

4. 普及度低，教育功能单一。

地方戏曲主要还是作为学校的一个特色社团对学生进行一定的训练。但是开设社团，参与的只是少数学生，如何让更多学生参与其中，如何有效地开发学校的地方戏曲课程，挖掘地方戏曲深层次的价值并融合各种教育功能，寻求在传承和发展的过程中促进学校整体工作的发展与提升，这也是我们研究与探索的一个重点。

五、地方戏曲进校园亟需进行的几项探索和突破

不管是豫剧、川剧还是茂腔，在普及机制、师资力量等方面都面临

着诸多困境。四川艺术研究院的陈茜通过调查提出，川剧要真正进校园，就需要实现戏曲与学生的对话，同时积极探索戏曲进校园的多种方式。他提出了构建戏曲进校园剧院联盟平台、宣传推广平台、成果常态化展示平台及培育戏曲进校园师资力量等多项对策，以努力促进戏曲扎根校园，真正实现戏曲与学生的对话。综上所述，我们认为，地方戏曲进校园亟须进行这样几项探索和突破。

1. 挖掘地方戏曲多元教育因素，与音乐、美术、语文、体育、道德与法治等多学科相融合，将戏曲与教育教学相结合，以更好地传承与发扬。

2. 突破地方戏曲仅仅简单学唱的方式，通过戏剧的编写、排练、演出等，实现戏曲的德育、智育、美育、体育、劳动教育等多项育人功能。

3. 将学校发展与地方戏曲进校园相融合，通过地方戏曲在校园的传承、学习，推动学校整体工作的开展。

戏曲进校园与学生核心素养的培养

戏曲从剧本的立意创作到台词的斟酌、唱腔的演唱、手眼身法步的表演、舞台的布置、道具的使用、乐队的伴奏以及延伸到对观众的感染及教育，无不体现了它深厚的德育、艺术、文学、实践探索等方面的承载功能。中国学生发展核心素养提出从文化基础、自主发展、社会参与等三个方面，从人文底蕴、科学精神、学会学习、健康生活、责任担当、实践创新等六大素养、十八个基本要点，培养"全面发展的人"。由此看来，戏曲的学习与培养学生核心素养两者具有很好的契合点。

一、体现国家认同、健全人格的基本点

1.戏曲具有寓教于乐的特点，它往往通过通俗易懂的故事情节来表达人们对"真、善、美"的追求和向往，具有较强的思想教育意义。传统戏曲中有大量篇幅的爱国孝道、机智勇敢、反抗封建、追求自由美好生活的作品。如《岳母刺字》一出戏，就有很好的爱国主义教育意义；《四郎探母》中，杨四郎与母亲相见一出戏就有很好的尊老、孝老的教育意义；另外如穆桂英的勇敢、诸葛亮的机智等在学习的过程中也会对学生起到潜移默化的教育和熏陶。学习戏曲中体现社会主义核心价值观的情节及片段，能够很好地培养学生爱国、敬业、诚信、友善等优良品质。

2.戏曲需要表演者有较强的基本功，不管是唱腔的演唱还是身段的表演，都有严格的标准和要求，这就需要学生在日常训练中夏练三伏，冬练三九。这在培养学生坚韧的品质和吃苦耐劳的精神方面起到很好的作用。

3.戏曲在唱腔上讲究"一板三眼""九曲回肠"，在表现形式上体

现了"慢"的特点，与当下浮躁的快餐文化和快节奏的生活形成了鲜明的对比。但这恰好能够让现在的青少年静下心来，走进戏曲艺术的世界，提升他们对于传统文化的理解，培养其沉稳、专注的性情。

二、体现社会责任、勇于探究的基本点

戏曲讲究"传、帮、带"，这恰好与我们对学生合作意识的培养相辅相成。教师在教学中根据学生情况建立合作小组，以老带新、以大带小。学生之间相互帮助、相互学习，培养团结合作的能力和意识。同时，戏曲是群体艺术，在台词对答、对唱、对打的表演中，在剧目的排练演出及活动的参与中，都需要互相配合、互相协调，这能够很好地促进学生共同合作，共同进步等品质与习惯的养成。在戏曲的学习中学生不断地追求新知，不断地创造尝试，也培养了勇于探究的品质。

三、体现人文积淀、人文情怀的基本点

戏曲文化博大精深，剧本从古典诗词、民间歌谣、说唱文学中汲取了大量的营养。结构严谨，语言用字精炼，或具有诗词讲究句式、平仄等格律化特点，或具有民间语言的晓白简练等特点，或具有和谐严谨、气韵生动的文化品格。学生在读剧、编剧、演剧中不断地体悟，不断地升华，便会潜移默化地受到传统文化的熏陶。

中国戏曲不管从取材还是表演上，都注重从中国传统人文经验和文化命脉中汲取营养，蕴含了中华民族传统的认识方法和实践方法，体现了中华民族独有的人文精神。这体现了以人为本，关注人的发展和幸福的基本点。

四、体现审美情趣的基本点

戏曲属于艺术的一种，所以审美在戏曲中有着非常重要的意义。

戏曲音乐来源于民歌、曲艺、舞蹈、器乐等多种音乐成分，本身最能体现音乐性和舞蹈性。中国戏曲通过演唱中发声、吐字、变换腔调、

气息的运用等一系列的变化来表达情感；通过器乐的伴奏和开场、过场音乐，配合舞蹈、武打、表演等，烘托、渲染舞台气氛，表现人物情绪，这就决定了它具有节奏、韵律、和谐之美的特点。戏曲人物的勾画，脸谱的描绘，服装的穿着，背景的渲染以及形形色色道具的制作等，是具有鲜明的民族特色的美术元素。它不仅代表着中国人传统的审美标准，而且代表着人们长期实践中不断提炼，共同创造出来的对人物形象、性格品质的典型总结，是印在人们头脑深处的符号。通过美术教学中这些美术元素的运用，感受戏曲艺术中的造型美、服饰美、色彩美、装饰美。

通过对戏曲中艺术知识、技能与方法有效的积累，增强学生感知、欣赏、评价美的意识和基本能力，这与核心素养中审美情趣的培养是吻合的。

五、体现劳动意识、健康生活的基本点

传统戏曲背景的布置、道具的制作、脸谱的描画需要较强的动手操作能力，而且可以和美术课、综合实践课等的剪纸、粘贴、缝制等结合起来。引导学生绘戏曲故事，画戏曲脸谱，做戏曲道具，制戏曲背景，在动手操作的实践活动中发现和提出问题，培养实践创作的劳动意识，提高劳动技术改造的能力。

戏曲讲究精、气、神，集"唱、念、做、打"于一体。学生通过长期学习身段和表情技法的"做"，融合中国传统武术及舞蹈技巧的"打"，与体育等课程有机结合，则有助于培养强健的体魄，并可在坐、立、行等方面呈现出朝气蓬勃的精神状态。

六、体现培养想象力的基本点

当代学生思维发散性的培养尤为重要，而虚拟和想象是戏曲表现生活的基本手法。它往往通过动作的模拟表演来表现刮风下雨、穿针引线，通过舞台背景道具的使用、场次的转换来表现时光流逝、季节变迁。如

《拾玉镯》中推门、喂鸡、穿针引线的想象全是依靠演员的动作让人产生的一种联想；《三岔口》一出戏明明是在灯光明亮的舞台上，但是两位演员在舞台上通过肢体动作和面部表情的表演，却让观众觉得仿佛是在漆黑的夜里。通过戏曲的学习，使得学生在表演和欣赏过程中突破舞台对时空的限制，从而培养学生的创造、想象思维，并且感受到以虚为实的中国传统美学。

戏曲融合"五育"和教育戏剧的不同概念

戏曲融合"五育"与教育戏剧既紧密相关又有一定的差异。

两者的共通之处是都是教育手段的一种，让身边的每一个地方都成为一个小小"舞台"，让每一个学生都能成为自己心目中的小小"演员"。通过角色扮演、虚拟情境等戏剧方式，激发学生的想象力、创造力、团队合作能力、表达能力。它模拟现实生活建构场景、人物、事件、故事，能够较好地扩大学生实践的范围。在情境里，学生们通过团队合作应对难题、解决矛盾，他们在实践中、在不断试错中、在与同伴学习中获得成长，获得更全面的经验。

两者又有一定的区别。教育戏剧是用戏剧方法与戏剧元素应用在教学或活动中，让学习对象在戏剧实践中达到学习目标和目的。教育戏剧的重点在于学员用戏剧的形式参与，从感受中领略知识的意蕴，从相互交流中发现可能性、创造新意义，是教育的一种形式。教育戏剧不以学习戏剧知识和表演技能为目的，更不是让学生按照剧本单纯地模仿排演，而是运用戏剧的元素设计各种体验渗透到教育中。教育戏剧又可以看作相关学科课程的工具，可以与许多学科产生关联，活化课堂、助力教学，帮助孩子加深对学科内容的认识。

戏曲融合"五育"是指通过戏曲与音乐、美术、舞蹈、体育、语文、道德与法治、英语等学科及少先队、德育等活动相交融，使戏曲在德育、美育、智育、体育、劳动教育等方面发挥独特作用。

戏曲融合"五育"还必须包括戏曲教育，它承载着戏曲作品的赏析、评论和表演，弘扬传统文化。在戏曲的编、导、演和舞台美术以及普及

上也要重视，学生演得像不像、美不美，唱得好听与否也是一个教育标准。

国家级非物质文化遗产

第二章 柳腔进校园的一些做法

柳腔进校园的目标定位

一、戏曲进校园的目标分析

戏曲进校园的目标是什么，最终达到什么目的，组织形式怎样，不同的学校有不同的定位。在戏曲进校园的过程中，我们按其发展的不同阶段分为三级目标。

第一级是社团目标。这一目标比较容易实现，从时间的安排到专任教师的参与，再到学生的选择都比较简单，而且可大可小，可多可少，10余人也可，上百人也行，只要有兴趣即可参加。学生可以学习一些简单的唱段，模仿简单的动作，在教师的指导下，准备适合的道具，穿着规定的服装即可上台。

第二级是课程目标。把戏曲学习纳入校本课程，或者编写教材，相对系统地学习戏曲。这一目标的实现首先以普及为目的，而且要每学期固定地安排一定的课时，全体或者几个年级共同学习，这突破了简单的社团的组织形式，普及性更高，也更加系统，对于推动戏曲的传承更为有力，而且学生对于戏曲的学习不会仅仅停留在模仿演唱上，而是基本知识的学习加上学唱，再到表演、创作等更深层次的学习。

第三级是全面育人目标。四部委意见中的"传承中华文化基因，加强戏曲通识普及教育，增进学生对戏曲艺术的了解和体验"，在第一、二级目标中便可实现。但是"引领学生树立正确的审美观念、陶冶高尚的道德情操、培育深厚的民族情感，促进学生全面发展"这一目标却需要更好地去挖掘，这也是我校多年探索研究的一个课题。

二、柳腔在学校的四段发展历程

1. 2010 — 2012 年的戏曲社团阶段。

这一阶段主要是尝试探索阶段，由剧团老师走进校园，指导部分学生经典剧目的传唱，并在一些活动的参与中进行实践。因为传统戏曲的学习多是采用口传心授的方式，所以当时的学习也是采用最简单的模仿的形式。学生的学习也相对随意，基本上是老师即兴想到什么就教什么，每次先是练习一下基本功，然后就是学习经典唱段《赵美蓉观灯》《办年货》等等。

2. 2013 — 2014 年的走进音乐课堂阶段。

此时期恰好是党中央国务院下发了弘扬中华传统文化，推动戏曲进校园的相关文件之时。我们根据前期社团的开设进行了综合考查，得出柳腔走进课堂的价值和必要性。于是对柳腔进行了充分的研究，并对小学音乐课程中有关戏曲的部分进行了深入的探讨，整理了部分柳腔传统唱段与现代经典唱段，借鉴音乐课程的听、唱、演、创等课程目标及编排方式，在每个学期结合音乐课程的要求，通过音乐教师的教学，实现了由社团活动到全员学习并与美育结合的转变。这一时期，柳腔在校园里面迅速普及，学校也开展了一系列的活动加以推动，每名学生都能表演一到两段唱腔。这也催生了如何更好地实施柳腔课程的开展及编写柳腔教材的想法。学校开始组织薛艳、马守英等音乐教师，根据音乐教材的编写方式进行柳腔教材的编写。完成了柳腔资料的收集，柳腔基本知识的罗列，柳腔经典唱段的搜集整理工作。

3. 2015 — 2019 年的校本课程阶段。

市委宣传部、市文化局高度重视柳腔的传承工作，2015 年，在时任柳腔剧团于正建团长的推动下，柳腔非遗少儿培训基地在我校成立。柳腔的传承从政策到制度方面得到了保障和支持，柳腔的学习及传播在师资、场地、资金等方面得到了上级的大力支持，我们在即墨柳腔的传承与发展上也有了内在的动力。在此推动下，我校力求在戏曲进校园方面加以突破，挖掘地方戏曲中的教育价值，并将其与学生的核心素养的培养相结合，推动了柳腔课程与各学科融合的全面开展。2016 年底，学校举行了"梨园润童心"柳腔专场汇报演出；2017 年 11 月，由教育部发展研究中心、青岛市教育局联合主办，青岛市教科院承办的"STEAM 教育与学校课程建设"学术论坛在青岛举行，学校做了《让乡音、乡情、乡韵润泽孩子心灵——以柳腔课程开发实施为例》典型发言；2018 年学校参加中国教育电视台第二届国学春晚，使学校戏曲进校园的思路进一步打开。一直到 2019 年，学校逐步探索出从课程目标、内容、结构、评价四要素入手，挖掘戏曲中的学科教育内容，融合音乐、美术、语文、道德、综合实践、体育等多学科的地方戏曲传承的理论和策略。

4. 2020 年至今的大戏曲教育的探索。

通过多年的积累，2021 年，我校与中国海洋大学出版社编辑出版了《即墨柳腔》校本教材，进入了实践与推广阶段。学校通过举办戏曲节等方式，使得全校人人参与。不但融合各个学科，而且深入融合文艺演出、少先队活动、阅读活动、社会实践活动，同时探讨融合英语模仿秀、劳动教育、教师活动等方式，将其全面融入学校教育教学的整体发展中。确立了即墨柳腔进校园的目标、策略、评价等方式，并逐步形成了课程育人、文化育人、活动育人、实践育人、协同育人的大戏曲教育的模式，取得了显著的成绩。通过论坛、演出、各种媒体的报道，有力地推动了柳腔课程走进周边 10 余所学校。

三、柳腔进校园的目标

《关于深化教育教学改革全面提高义务教育质量的意见》中指出：要"五育"并举，全面发展素质教育，大力开展中华优秀传统文化教育。

教育专家李振村认为："教育戏剧的本质，是运用戏剧中情境、场景、情节、角色扮演、情感体验等元素，把情感价值观等教育价值传递给孩子，培养孩子的全人品质。"改变单一的戏曲传唱或单一的音乐功能，将地方戏曲的传承与学生"五育"的培养结合起来，并带动教师、学校整体的发展，这是柳腔学习的目标追求。

1."五育"并举，全面增强学生素养。

即墨柳腔走进校园的形态及着力点不是把学生培养成专业演员，而是以此为载体，"梨园润童心"，让乡音、乡情、乡韵润泽孩子心灵，传承与发扬中华优秀传统文化，让中华优秀传统文化植根于孩子们的心中。通过有教育价值的经典剧目的排演，发展学生道德品质、文化素养、艺术审美、团结协作、创新实践、舞台表演、乐队演奏等多方面素质。内容除了柳腔知识的了解、语言语调和表演技能的学习外，还要进行柳腔经典剧目的剧本阅读、演出观看、剧目排演，让学生品读剧本的文字，学习戏曲的演唱，感受妆扮、舞台的美感，增强相互协作、参与实践的能力。

2."四有"兼备，全面提高教师素质。

教师需要同时具备教育学、心理学、戏曲学等多方面知识，才能进行真正的教育戏曲课堂。所以在教师培训的过程中，通过专业人员帮助教师开展融入学科的教育戏曲课程设计，不断优化课程，在教中学，在学中教，拓宽专业知识，将教育戏曲的方法应用到课堂教学。教学中深入贯穿 STEAM 课程的理念，加强多学科的融合，增进教师之间的沟通，增强教师知识的多面性，提高教师审美、业务、协作等方面的素质，促进专业的成长。当教师具备一定的理论和实践基础后，便能进一步体悟中华传统文化的博大精深，感受非物质文化遗产的魅力，提高教师理想情操及道德品质。通过实施中取得的成绩，让教师也体会到成功的喜悦，从而体验到归属感。

3."多方"联动，全面提升学校水平。

借助柳腔作为国家级非物质文化遗产及我校成为柳腔少儿培训基地的优势，通过学生课程学习、社会实践及演出等活动，弘扬传统文化，以"梨园润童心"为激发点，并通过地方戏曲的传承与发扬，带动全校乃至周边学校学生、教师、家长的学习及参与，传承国家级非遗，弘扬中华优秀传统文化。提升校园文化品质、社会影响力、传统文化传承力，将即墨柳腔打造成学校的一张特色名片。

四、柳腔进校园的发展规划

说到规划，往往涉及学校的相关规章制度，以及发展目标、课程设置等。戏曲真正走进校园往往是一个系统的工程，首先是对外的衔接工作。我们学校同即墨柳腔艺术中心进行对接，双方对戏曲进校园共同制定了详细的方案，例如进的内容，进的人员安排，进的时间协调，如何同学校的课程安排时间相对应等，并建立了双方协调机制，由专人负责对接。组织相关教师和柳腔剧团相关专家反复研讨共同制定学校柳腔发展规划，将柳腔校本课程发展规划与学校课程进行统筹安排，将柳腔的教育教学同学校整体教育教学工作有机结合。学校采取多方措施分层推动规划的落实落地。

首先是巩固柳腔社团，每周固定在社团时间由专业教师进校园授课，主要面向在戏曲方面有所特长的学生，社团分为高、中、低不同层次，学生来自各个班级，作为全校戏曲学习的主力。

其次是全面落实柳腔校本课程，每个学期拿出 8 课时进行全校范围授课，由音乐教师作为主力，其他教师辅助，从备课、教学、教研、作业、考评等各个方面建立了完善的学习机制，从而形成了在全校范围内的戏曲普及教学工作。全校普及为社团培养苗子，打下基础，社团为进

一步推动此项工作起到带动作用，两者相互补充。

最后是制定多种活动方式，每年创编三个以上新剧目，选取其中一个重点打造，参加上级艺术节活动。每年举办一届戏曲节，以年级为单位设置不同戏曲节内容，先以班级为单位全员参与进行选拔，然后以级部为单位进行比赛展示，最后以学校为单位通过直播、展演等方式向全校师生展示。

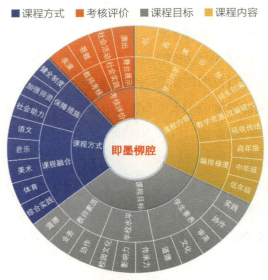

即墨柳腔进校园课程示意图

柳腔师资队伍建设

师资是戏曲进校园的关键环节，学校一般缺乏专业的师资队伍，主要依靠音乐教师。但是，学校音乐教师缺乏戏曲的专业知识技能，进行戏曲教学属于跨专业的教学，明显存在戏曲教育教学能力不足的问题，不能对学生进行专业的指导。在这种情况下，让音乐老师自学戏曲、匆匆上阵，更是使"戏曲进校园"工作浮于形式。专业剧团的演员与学校没有隶属关系，因此很难抽出固定的时间参与学校的戏曲教学，而且在实际教学中教育理念相对缺乏，教育方式方法也不够专业。所以"戏曲进校园"首先要解决的是师资困境，在这个问题上，学校从"请进来"与"走出去"两个方面进行尝试。

一、外请专家

国家级非遗传承人袁玲老师给学生们上课

针对教师专业水平不高、实践经验不足等短板，建立"请进来"的师资队伍建设机制。争取教育主管部门的支持，协调文化主管部门，聘请专业院团的戏曲专家及戏曲传人担任中小学戏曲教学的客座教师，除对学生进行指导训练外，还有计划地到学校给在校教师开展讲座、演出与指导培训。

张成林团长指导学生学习柳腔

解本明团长指导学生学习柳腔

李婷老师给学生上课

市级非遗传承人姜秋芝老师给学生上课

二、挖掘校内师资力量

在实施的过程中充分发挥音乐教师的骨干作用，并挖掘在戏曲方面有专长或者具有戏曲学习意愿与发展潜力的教师，涵盖音乐、美术、体育、语文、综合实践等学科，组成了一支戏曲教师队伍，实施"走出去"的建设机制。在寒暑假及周末等时间，到剧团"拜师学艺"，学习戏曲表演技巧；在课余时间，到开设戏曲专业的高校旁听戏曲课程，学习戏曲教学方法。学校在经

薛艳老师给学生上柳腔课

费等方面给予必要支持，鼓励教师积极主动参与。

三、加强教师的双向培训交流

在校教师缺乏戏曲专业技能，专业演员缺乏基本的教育教学理论支撑。这就需要双方教师都进行戏曲教育的教学研究与培训，解决教师教学中面临的各种具体问题，提升戏曲教育教学水平。

1.提高认识。

提高教师"戏曲进校园"的认识，让所有教师充分认识到这是履行教书育人职能、传承中华优秀传统文化的重要手段。"戏曲进校园"可以将中华民族优秀传统文化融入学生心中，可以激发学生对中国传统文化的深厚情感，获得民族认同感和归属感，增强民族向心力，培养高尚的道德情操，成为全面发展的人才。这正是践行社会主义核心价值观、传承中华优秀传统文化的一种有效手段。戏曲工作者和教育工作者都应当全力以赴地参与到"戏曲进校园"的实践之中。

马守英老师给学生上柳腔课

2. 要认真制定培训方案、明确培训机制、充实培训材料。

传统戏曲艺术不仅学生陌生，对于本校教师来说，也不是很熟悉。戏曲专业教师在演技演法上有很强的优势，但是面对学生群体，课堂教学怎样组织，教学进度如何把握，教学评价如何实施等缺乏系统认识。因此，在给学生进行教学之前，教师需要进行大量的沟通和学习，对于戏曲培训材料要精心挑选及研究，找到具体的解决方法，找到学生喜欢的学习方式开展戏曲的教学工作。本校教师要充分利用好书本和网络资源，并通过相关培训向专业老师请教，积极学习相关戏曲知识、唱腔唱段、舞台表演、脸谱文化、戏曲人物头饰、服装的造型和色彩搭配等。双方教师共同认真学习和研究，提升传统戏曲方面的理论水平和专业技能，提高自身传统文化的艺术修养。例如在戏曲音乐方面，就需要戏曲专家和音乐教师的联合选择，包括指定剧目、唱段体验等，让其适合学生的学习。改变专业戏曲演员口传心授的戏曲传承方法为班级授课教学方法。美术方面则要拓宽实践活动课程，如剪纸、水墨画、手工等，并注重运用新的教育理念反思和调整自己的教育实践，促进教师自身的专业成长。

3.普及与提高相结合。

要想普及与提高相结合，一方面是对教师进行戏曲的通识性培训；另一方面是对有一定戏曲基础的教师，进行集中的提高性培训。培训中坚持学习与展示相结合。教师边学习边实践边展示，让教师在学习、实践、展示、交流中得到较快提高。培训中可以分成不同学段、不同区域、不同问题分别由资深教师和戏曲专家培训，资深教师就如何提高戏曲课堂教学水平进行指导，戏曲专家就戏曲技能技法进行培训，两者相互借鉴，取长补短，共同提高教育教学水平。

剧团部分老师到校给学生上课

柳腔课程资源的挖掘

新课标指出：课程资源开发与利用要坚持目标导向，精选优质课程资源，把贯彻落实社会主义核心价值观、促进学生身心健康发展作为首要原则；要从核心素养形成和发展的内在规律出发，紧密结合目标要求，选择有利于组织实施学习实践活动的优质资源，构建开放多元的教学资源体系；要立足学生实际，注重遴选典范的传统和现代经典作品，以文质表演兼美为选择标准，体现课程资源在文化传承方面的作用，充分发挥其促进学生发展的价值。根据以上原则，在柳腔学习资源的挖掘上，我们主要从以下几个方面来进行。

一、传统资源的挖掘

柳腔传统戏曲中蕴含着向真、向善、向美的中国精神，其中所蕴含的忠孝、爱国、礼义、廉耻、仁爱等文化要素，更是社会主义核心价值观的重要源泉。

柳腔的传统剧目有几百个，常常表演的也有几十个。随便阅读或欣赏一出传统优秀剧目都会有真、善、美的体现。更为可贵的是，戏曲中这些育人的经典并不是通过简单的说教，而是通过普通的人或事，经过艺术加工以"说、唱、演"等鲜活的形式传递给人们，兼有审美愉悦和寓教于乐的特点。

如有倡导崇尚道德情操，教育人不能嫌贫爱富的《三女拜寿》；有充分赞美女主人公的家庭道德品质，同样也是当今和谐社会和谐家庭的教育题材的《小姑贤》；还有教育他人遵循孝道的《墙头记》；有正义终将伸张，给观众带来温馨与安慰的《罗衫记》，这些都是学习的好题材。

　　传统剧目中经典唱段词句讲究，或华丽高雅、耐人寻味，或通俗易懂、生动活泼。在欣赏其曲折故事的同时，还可以提高学生的文学鉴赏水平和理解能力。

　　如《赵美蓉观灯》中的观灯片段："鳞刀鱼（方言，就是带鱼），赛银叶，旁偏走的蟹子灯。扭扭嘴的海螺灯，一张一合的嘎拉（方言蛤蜊）灯。蹦蹦跶跶的蛙子灯，龟呱龟呱的蛤蟆灯。黑鱼灯，七个星，跳过龙门的鲤鱼灯。海蜇灯，赛面单，甲吉（一种鱼）黄花鲫姑子灯。乌鱼放了一腔墨，打的个小鳖盖发青。从那来了一个物，头顶两个角，足下两溜精，四蹄分八分，两眼赛铜铃。不像妖不像怪，不是虎来也不是龙，有人问它是哪一个龙王爷差出水晶宫，龙王爷差出的是个夜叉精"。本选段语言诙谐，生动活泼，与方言的结合使其更加亲切，很适合学生学习。

　　我们在精选剧目剧情的基础上，更重要的是进行修改及删减，传统戏曲一般在 2~3 个小时，不符合小学生的欣赏习惯，所以首先要进行剧情的删减，一般删至 1 个小时甚至半小时以内比较合适，这就要求既不能改变原意，使其变得支离破碎，又需要保留剧本中的精华，让故事情节通顺合理。台词语言要求能充分地表现人物的性格、身份，通俗自然、简练明确，适合小学生。传统戏曲多属于乡村中老年人观看，难免存在不合适的语言及情节，如男人、女人一般用"汉子""娘们"等词语，就需要进行修改。

　　对于舞台说明，则要把其中剧情发生的时间、地点、服装、道具、布景，人物的表情、动作、上下场等改得简明、扼要。

　　二、现代剧目的改编

　　现代改编的弘扬正能量的剧目往往立意好，紧贴时代脉搏，具有较好的教育和欣赏价值。如以即墨女孩马俊俊信守承诺替夫还债故事为背

《家风》参加全国现实题材展演

景演绎诚信无价的《家风》，是一部非常好的现实题材的柳腔戏，既运用了传统戏曲的艺术表现方式，又综合运用了音乐、舞美、光影等简约明快的舞台美术呈现手段，在造型设计上贴近现实生活。

柳腔历史剧《即墨大夫》剧照

柳腔《即墨大夫》描写了即墨大夫由于为人刚正不阿，不去贿赂左右弄权施威的贪官污吏，所以不断地遭受谗言诋毁、奸臣陷害，但齐威王果断地派人视察暗访，澄清了是非的故事。故事主人公清正贤能、舍身为国、义气高洁的事迹，一直感动着即墨百姓，也感动了史学家司马迁，将即墨大夫载入了《史记》。《即墨大夫》正是传承传统文化、弘扬时代精神、讲好中国故事的典范作品。

根据即墨区道德模范人物杨建哲的事迹加工创作的首部柳腔戏曲电影《牛》，展现了一位朴实农村妇女的善良和坚守的精神面貌。

三、移植其他剧种剧目

中国地域广大，戏曲种类众多，不乏优秀剧目，所以，我们充分发挥教师、学生的积极主动性，对于其他剧种的优秀剧目进行整理改编。如改编了广州市少年宫表演的《林教头风雪山神庙》等作品。

这类作品的改编比较简单，将原本语言改成地方方言，还有就是将其中的音乐改编成柳腔唱腔。

《林教头风雪山神庙》剧照

四、课文的改编

课本是学生学习的直接工具，是学生学习知识的重要源泉，选取课本题材进行改编是一个重要且便捷的渠道。

课文要选取时间、人物、情节、场景高度集中的作品。剧本一般要求篇幅不能太长，人物不能太多，场景也不能过多地转换。选用的课文篇幅如太长，也可选取其中一个段落层次。剧本最好是写成精短的独幕剧，对剧中反映的现实生活要浓缩在适合舞台演出的矛盾冲突中。

课本剧的改编不限于语文作品，道德与法治、历史、英语等课本内容，也可以改编成剧本。

五、童话故事、寓言故事及经典小故事的改编

一切经典的文学艺术作品，都是历经岁月变迁，大浪淘沙后积淀下来的，通过对经典故事的认真思考借鉴改编，能够让戏曲与经典故事碰撞产生新的火花。在对经典小故事进行改编时，在基本情节、主题和思想不变的前提下，要大胆创新演绎，新增内容和表现形式，增加舞台氛围的时尚感，适合儿童的审美取向，让"老树"开"新花"。

例如，《司马光砸缸》是一个家喻户晓的故事。我们在改编时把它的框架结构与原著中的主线脉络保持一致，"司马光"和小朋友在学堂玩，一名小朋友不小心掉到缸里，在众人束手无策的情况下，"司马光"搬起石头将水缸砸破救出小朋友。我们在保留故事梗概的基础上，加入了现代的成分，例如和现在的"双减"结合起来，对老师布置作业的讨

《司马光砸缸》剧照

论，还有小朋友的顽皮和淘气等。古代小故事有了现代气息，在学生受教育的基础上，增加了故事的现实性和趣味性。在忠于原著，深入把握其意义内核的基础上，展开想象，实现了"再加工"与"再创作"。这样既符合历史原貌，又具有现代的生活特点，深受学生的喜爱。

六、从生活和现实中提炼素材，创作新作品

校园生活、家庭生活等更加贴近孩子们的世界，具有天然的"亲近感"。例如，我们创作的《夸夸四小我的家》《喜看即墨新气象》《逛古城》等贴近学生生活实际的新作品，内容因其紧密联系学生的学习生活经历，具有普遍性和代表性，所以能吸引、打动他们，还能在创编中培养学生多方面的能力。

七、挖掘中国戏曲中的美术资源

1. 戏曲脸谱。

戏曲脸谱是中华民族戏曲艺术中重要的、极为独特的部分，它不仅丰富了舞台画面，更主要的是通过各种艳丽的色彩与夸张的图案，使舞台上人物性格表面化，是戏曲艺术性格化杰出的部分。

中国戏曲中人物角色以"生、旦、净、丑"四种基本类型作为行当分类。美术中的化妆与戏曲中的脸谱有着密切的联系。从美术课程的角度来看，脸谱中每个颜色都具有其特定意义，所以在教学资源方面要注重挖掘脸谱装饰性、程式性、象征性等中国戏曲中人物造型的特征作为教学资源来使用。

2. 人物服饰。

中国的戏曲不同的人物造型有不同的装扮。戏曲中的服饰是特殊的艺术形式，尤其是其中的纹饰和色彩的使用，是戏曲独特的艺术瑰宝。色彩是表现戏曲人物形象的重要方式，比如红色表现忠勇，黑色和紫色表现刚正，白色表现奸诈阴险，绿色一般代表绿林好汉等。戏曲中的纹

饰因人而异，花纹丰富多样，是精美的工艺美术品，并且都有一定的内涵。比如龙纹是皇权的象征，凤纹代表吉祥，文官使用飞禽，武官使用走兽，牡丹代表富贵等。

戏曲服饰款式大方、宽敞，束腿紧身，质料多为绸、缎之类，款式、颜色有一定的规范。戏衣上的装饰物主要有龙、凤、鸟、兽、虫、鱼、花卉、云、水、八宝等，即使同一种样式也有不同的形式。现在，戏曲服饰的美学特点大量应用于服装设计、建筑、布景、装饰等方面，这对于学生的审美体验提供了丰富的素材。

3. 戏曲场景。

戏曲的舞台一般比较简单，一桌一椅，一石一扇。戏曲艺术表演带有强烈的虚拟性，道具虽然简单，但是具有重要的地位，一般都是真实的物件，以增加戏曲表演的真实性。

柳腔教材的编写

要想深入开展戏曲进校园，必须有系统科学的教材。传统戏曲多以口传心授为主，缺少系统科学的教材，更缺乏适合少年儿童的教材。所以在柳腔进校园的教材编写中，没有指导性材料，更缺少参考范本，这就有必要对教材的编写原则、编写体例等进行系统性的梳理，方能进行编写工作。

戏曲教材的编写遵循以下几个原则：思想性、科学性、实用性、趣味性、灵活性、地域性。其中主要依据以下几个方面来进行：新课程标准、戏曲课程特点、课程资源内容、学生教师特点等。因为戏曲首先是一门艺术课程，所以重点参考艺术课程标准，辅以参考语文、体育、综合实践等课程标准。

一、艺术课程标准对于戏曲学习的总要求

1.在课程内容上，三年级至七年级要求开设音乐、美术，融入舞蹈、戏剧、影视。戏剧（含戏曲）是5个学生艺术学习学科之一。

2.在课程性质上，其核心在于弘扬真善美，塑造美好心灵。对学生进行审美教育、情操教育、心灵教育，培养想象力和创新思维教育等。要培养学生的核心素养主要包括审美感知、艺术表现、创意实践、文化理解等。

3.在教学建议上，指向学生审美和人文素养发展进行教学目标设计，引导学生主动、积极参与艺术实践活动，理解各项艺术的形式美和意蕴美。鼓励学生在情境中感知形象，迸发创意，运用艺术语言和方式表现自然美、社会美与科技美，体验创造的喜悦和自我实现的愉悦，提升实

践能力、创造能力和审美能力。注重引导学生运用各式各样的器具和材料进行创作、表演和编创。要面向全体学生，丰富艺术实践活动，建立学会、勤练、常展（演）于一体的机制。学校可以举办各种类型的学生表演与展示活动，引导学生通过表演和展示，获得艺术创造的成就感，增强学习艺术的信心。

二、戏剧（含戏曲）课程目标的具体要求

1. 主要目标。

了解戏剧（含戏曲）编演的方法，具有运用多种艺术手段进行戏剧演出的基本能力。

积极参与戏剧（含戏曲）活动，养成与同伴合作的意识和团队精神；能在脚本创编和剧目演出过程中，增进对他人及自我的理解，促进身心健康成长。

能对戏剧（含戏曲）艺术作品进行创作、欣赏和应用活动，具有初步表达观剧感受和见解的能力，并逐步形成向善、向美的价值观。了解"教育戏剧""教育剧场"的方法，能进行一定的戏剧应用活动。

掌握中外戏剧艺术史的基本常识，尤其是了解中国戏曲艺术所具有的独特的审美特征，坚定文化自信。

2. 课程内容及学业要求。

戏剧（含戏曲）学科课程内容包括"表现""创造""欣赏"和"融合"4类艺术实践，涵盖10项具体学习内容，通过具体的学习任务组织教学。

一年级至二年级学习主要任务为"模拟表演"，即对日常生活中熟悉的人、动物、植物进行模拟，培养学生对所表现对象特征的观察和概括能力，鼓励学生运用自己的表情、身体、语言进行表演。

三年级至七年级学习任务主要依托音乐及语文、外语实施，任务为"课本剧表演"，即选用音乐、语文、外语等教材中的教学素材，进行课本剧编创表演。观看传统戏曲表演，培养学生的舞台表演意识和对表演活动进行评价的能力。三年级至五年级能根据特定主题和表现需要，选择合适的声音材料和表现形式，与同伴合作编创并表演音乐故事、音乐游戏、短小音乐剧和情景剧等。能积极参与简单剧本的编创与剧情表演，初步具备对所担任角色的理解能力、对情感状态的体验和想象能力，以及舞台表演意识。能对自己或他人的编创与表演进行简单评价。六年级至七年级欣赏戏剧（戏曲）等艺术作品，了解戏曲剧种表演的基本知识，能与同伴合作参与戏曲片段的模仿。

每学年背唱4~6首音乐作品，包括戏曲作品。

3.学习活动建议。

鼓励全体学生参与活动，可通过分小组、分角色进行剧本诵读，体验角色的内心情感与表达方式；找形象、对台词、摆造型，完成角色扮演的准备工作，运用多种舞台艺术手段，完成剧目的整体呈现。其素材可从学生的课内外阅读材料中选择，如对语文教材中既有的散文、小说等进行短剧改编。

初步认识舞台表演对演员声音、体态、位置、配合等方面的要求，并形成舞台意识，具有团队精神。

初步认识并运用布景、灯光、道具、音乐、音响等综合手段，让演出达到较好的效果；了解与舞台空间有关的要素，包括表演环境、表演角度、位置距离等；了解舞台表现的基本规则，以及候场、离场时的注意事项。

对剧目演出进行阐释和评价，如创作意图、艺术追求、演出效果等。记录观剧心得，引导学生条理清晰地表达对某部戏剧（含戏曲）作品（剧作/演出）的理解和判断，在了解戏剧（含戏曲）的历史及文化背景知识的基础上，锻炼和提升感知、体验、理解和评价戏剧（含戏曲）的能力。

课程目标要求中提出的包含戏剧与戏曲两个方面，但是它在实施过程中是一样的，戏剧可以仅用语言及动作表达，戏曲更是增添了音乐、唱腔等更加丰富的元素。所以戏曲在进校园中有了更高的要求。

三、柳腔教材的编写

根据新课标的要求，我们柳腔校本课程教学组综合考虑，遵循既要有效开展柳腔课程进校园，又要符合整个学校课程安排的原则，根据柳腔课程及小学生的特点，决定实行分学段进行编写。即将教材分为低、中、高年级三个学段确定教学目标，再根据新课程标准，确定教材体例，最后对教学资源进行分类整理，指定不同学科教师进行编写。

（一）柳腔教材目标及要求

1. 低年级：学生主要以了解、感知为主。了解柳腔的起源、历史传承，基本行当角色，基本唱腔特点，柳腔故事的教育意义；一年级至二年级学习任务主要依托唱游·音乐实施，任务为"模拟表演"，即对日常生活中熟悉的人、动物、植物用戏曲语言进行模拟，培养学生对所表现对象特征的观察和概括能力，鼓励学生运用自己的表情、身体、语言进行表演。

2. 中年级：学生主要以学唱、模仿为主。主要学习模仿一些经典唱段，在学习模仿中感受唱腔的旋律美、台词的韵律美、动作的身段美及服装、扮相的装束美等。学生通过阅读剧本片段，感受剧本语言及内容的独特之处。结合戏曲中的武打情节，学习戏曲课间操。结合音乐、语文、外语等教材中的教学素材，进行课本剧戏曲编创表演。观看传统戏曲表演，培养学生的舞台表演意识和对表演活动进行评价的能力。

3. 高年级：学生主要以表演、创编为主。学生通过自己搜集材料、改编创作剧本、设计服装道具、布置背景、相互合作等进行柳腔剧的创作表演，培养学生展现自我、勇于登台、展示自信，从而在创作及表演中受到启迪及升华。学习任务包括"演出舞台剧目""编演故事脚本""记录观剧心得"和"策划戏曲化活动"等几个方面。重点学习声音、肢体、情感的表现方法和技能。鼓励全体学生参与活动，可通过分小组、分角色等方式进行。声音、肢体、情感方面的训练可分时段安排在"戏曲游戏"学习任务的课堂教学之中。

高年级要引导学生观察生活、表现生活、表达真善美。通过完成相对完整的戏曲剧目演出活动，培养学生理解剧本、扮演角色、初步运用舞台艺术手段实现演出效果等方面的综合能力，并使学生体会、理解戏曲演出的趣味和意义。初步认识舞台表演对演员声音、体态、位置、配合等方面的要求，并形成舞台意识。

初步认识并运用布景、灯光、道具、音乐、音响等综合手段，让演出达到较好的效果。理解与戏曲创作相关的基本概念，能将它们与自己具体的创作经验相联系。能较合乎体例规范地将所编演的戏曲以文本形式呈现。能运用恰当的专业术语进行创作阐述，尝试从结构、场面、事件、台词等角度对作品成果进行评价和表达。

（二）教材编写体例

根据新课程标准结合柳腔确定的"融合五育"的课程目标，大致确定为以下几类教材体例：音乐融合类、美术融合类、语文融合类、体育融合类、综合实践融合类等。

1. 音乐融合类。

抓住音乐与戏曲的人文性、审美性、实践性特点。教材中具体教学材料包括以下几类：戏曲、戏曲器乐、综合表演、戏曲音乐创造、戏曲与相关文化、识谱知识等。按照功能在编排时设计了多个方式灵活的小板块、小栏目。如学习目标、学练提示、思考与练习、活动与

梨园润童心

探究等。在教材戏曲曲目演唱方面，设计了"学习目标"；在欣赏教学方面，设计了"目标要求"或"学习要求"等。在最后部分设计了"学习测评"，针对学生的学习情况以考题的方式对学生学习情况加以总结和回顾。

2. 美术融合类。

新课程改革中提出，中小学美术教材内容可分为四种基本类型，分别为造型·表现、设计·应用、欣赏·评述和综合·探索。其中，在造型表现领域，包含学生对戏曲服饰背景、故事情节及色彩、纹样、图案、形体对比的领会。通过儿童画、国画、泥塑、静物写生等形式进行编写。设计应用方面运用一定的材料和手段，围绕一定的目的和用途进行设计与制作，培养设计意识和实践能力，如设计服装、道具、背景、脸谱。欣赏评述中引导学生欣赏戏曲独有的美术特点，了解中国戏曲独特的审美及表现方式，培养学生欣赏作品的能力，增强学生的民族自豪感。综合探索是综合性的美术活动引导学生主动探索、研究、创造及综合解决问题的能力，如制作戏曲宣传海报、宣传画、连环画及舞台布景欣赏学习及制作。与之相统一的是，在美术教材五年级下册《舞台布景》中的教学内容，就是指导学生根据戏曲演出，进行舞台的设计。

3. 语文融合类。

语文教学核心素养强调的是文化自信、语言运用、思维能力、审美创造。从语言文字到阅读表达，再到更拓展的整本书阅读、跨学科学习，都是基本思路。

根据教学需要，语文教师可按照《中小学生课外读物进校园管理办法》的规定，从经典戏曲中选择合适的作品向学生补充推荐。

在选择上，低年级以剧本小故事为主，中年级以戏曲片段为主，高

年级以整部戏曲剧本为主。选择上要紧密结合语文教材内容，立足学生实际，注重遴选优质经典戏曲片段或者整个剧本，以文质兼美为选择标准，体现戏曲剧本在文化传承方面的作用，充分发挥其促进学生发展的价值。

4. 综合实践融合类。

综合实践中的一项重点内容是研究性学习。它是指学生在教师指导下，从学习生活和社会生活中选择和确定研究专题，主动地获取知识、应用知识、解决问题的活动。这对于即墨柳腔的研究是一个很好的命题。柳腔研究性学习，包括社会调查、收集资料、撰写研究报告等一系列的活动。让学生通过自己亲身参与的实践（如观察、调查、访谈、试验、设计、制作、评估等），获取知识、得出结论、形成报告。

在实施过程中可以围绕地方戏曲的一个问题的解决，如柳腔的起源、唱腔、剧本，然后制订一个初步的研究计划。例如学生可以根据以下几个问题来制订研究计划：柳腔是什么？你对即墨柳腔了解多少？还需要了解柳腔的哪些方面？为了得到你所需要的信息，你将要做什么？当然，这个研究计划还会随着后来新想法、新信息的出现，而加以适时调整与修订。最后对搜集到的资料信息进行组织和加工处理，得出结论，或者提出解决问题的初步方案，或者对各种可能的问题解决方案进行比较，选择一个最佳的答案。

5. 英语融合类。

英语最易实施的即是应用戏剧教学法，将戏曲元素应用于英语教学中，以戏曲作为手段和方法，实现英语知识的学习和英语技能的教育目的。通过"情境表演""戏曲游戏""角色扮演"等戏剧元素，创设以学生为中心的学习环境，培养学生的想象力、创造力、审美能力、语言表达能力和团队合作能力，激发学生主动学习的积极性，提升课堂效率，

塑造良好的课堂氛围。这同样可以应用于语文学科中。

（三）应用示例

下面以"经典戏韵"课程为例：

"经典戏韵"课程编创与活动目标

课次	听说辨	唱（演）	奏（拍）	演与创编
第三课 经典戏韵	1. 分辨出老生、花旦小生的唱腔。 2. 会讲本课中的两个戏曲故事	1. 模唱《寻儿记》片段； 2. 有感情地分角色演唱《刘海砍樵》	打着板式为《刘海砍樵》伴奏	1. 分角色表演戏中的人物； 2. 简单了解戏曲中的"唱""念"

柳腔教材内页

柳腔教学方式

在柳腔教材的编写中，我们将柳腔的文学、音乐、舞蹈、美术、武术、杂技以及其他表演艺术分别融合于音乐、美术、语文、综合实践等学科中，这就必然要求教学方式随之进行改变。

根据 STEAM 课程理念，我们把柳腔教学的内容进行分解。音乐老师为柳腔教学的总负责，并重点负责唱腔、身段、整体排练的指导；语文老师重点负责剧本、台词的学习及理解；体育老师重点负责武术表演的指导；美术老师负责戏曲绘画及化妆、道具的制作。每学期在校本课程时间安排了 8~10 课时，学生们分别走进了排练厅、舞蹈室、体育馆、操场、美术室等进行学习。下面分别进行叙述。

一、柳腔与音乐课堂

1. 学唱与表演。

演唱是戏曲学习中最重要的一项内容。首先，在戏曲教唱中，教师要给学生示范演唱和表演，采用直观、形象的教学方法，不断去吸引学生。在学唱的基础上，加上动作表演，以达到边唱边表演的能力。

2. 欣赏与戏曲知识。

戏曲的艺术价值需要具有一定的欣赏水平才能体会到，所以，我们要认真上好欣赏课，配合多媒体，让学生观看戏曲视频，欣赏不同的唱腔，不同的曲调，不同的作品，不同的表现方式等，从艺术家的表演中感受到悠扬婉转的唱腔，色彩斑斓的服饰，秀丽多姿的脸谱，丰富多彩的道具。如在学习戏曲的四大行当时，可以先让学生们在家上网查询有关资料，了解什么是生、旦、净、丑，然后结合讲解来欣赏

戏曲脸谱，掌握各行当脸谱的特点，最后运用多媒体教学出示不同的人物形象，让学生去认识分析脸谱色彩与人物角色性格特征之间的关系。学生欣赏戏曲时，我们可以采用欣赏与剧情介绍同步进行，讲一段，听一段，边讲边听。同时，教师可以把唱词打出来，让学生熟悉唱词意思，一边看着唱词一边听，这样就能更好地理解戏曲。也可以把整部戏分几小段让学生来欣赏，讲一段故事，听一段唱腔，讲解一段，这样便于学生理解。

作为戏曲学习的主阵地，音乐老师要发挥音乐学科优势，充分利用学生的生活经验和社会文化资源，鼓励学生进行体验性、探究性和反思性学习，为学生提供生动有趣、丰富多彩的内容和信息，拓展艺术视野，使戏曲艺术的学习更有趣、更容易。

二、柳腔与美术课堂

1. 将戏曲元素融入多元美术表现形式。

戏曲可以与美术学科中的绘画、剪纸、工艺、雕塑、摄影等相结合。例如在学习"绚丽的戏曲服装"的主题美术课当中，教师首先播放一些关于戏曲服装的视频给学生看，然后描述一下相关服装特点，最后可以让学生用剪纸、绘画、雕塑等形式表现看到的服装样式，从而提升学生的表现力和想象力。在美术教学中，可以通过欣赏名家名段，引导学生感受戏曲人物的美学特点，提高学生的审美素养。

2. 开展实践活动。

结合戏曲进校园，精心辅导学生创作，开展"画戏绘曲"主题美术作品展览，让学生感受到戏曲就在我们身边。联系学生生活实际，根据不同学龄段学生心理特点，设计戏曲生活化的教学内容，如中年级用脸谱与吊饰相结合，制作脸谱主题吊饰，既美观又实用，还可以用来美化自己的房间和教室。

3. 戏曲美术知识。

戏曲艺术与美术是紧密相关的，包括戏曲脸谱、戏曲美学以及戏曲人物绘画等内容。

在戏曲角色的学习欣赏中，各个行当在性格上和表现上都是明显不同的，因此在美术造型上也各有千秋。例如多数的旦角都是庄严正派的贤妻良母角色，丑角多是一些插科打诨比较滑稽的小人物。教学中先充分利用多媒体将不同的角色播放给学生看，让学生来区分当中不同角色的不同特点，然后根据自己的理解来选择一个自己想画的角色，这样就能让学生对戏曲人物有更多的认识，也能促使学生的想象力得到一定的拓展。

三、柳腔与语文课堂

剧本在语文课堂中具有较强的阅读与欣赏的价值。

1. 戏剧冲突。

戏剧冲突是剧本处理人物之间关系的方法和安排情节的重要技巧。我们可以借鉴它将人物和事件浓缩在特定片段中的方法，培养学生构思故事、谋篇布局及选材的能力；另外，分析戏剧冲突还可以准确地把握人物的性格，弄清剧中人物相互间的关系，学习塑造人物形象和处理人物关系的方法和技巧，培养自己谋篇与写人的能力；最后，分析戏剧冲突，还可以准确把握戏剧文学作品的主题。

2. 语言。

剧本文学的语言个性化十分突出，表现力极强，在塑造艺术形象、揭示人物的性格、表现矛盾的冲突、展现作品的思想和主题等方面具有重要作用。多读、多分析戏曲语言，从其极富个性化和表现力的语言入手，是提高学生语言运用能力的一个十分重要而有效的途径。

四、柳腔与道德教育

中国戏曲艺术不仅具有极高的艺术价值,而且具有极高的教育价值。它的学习,不仅能传承中华优秀传统文化,而且能潜移默化地提高学生的思想道德素质。

在学生的学习中,根据不同课程的目标要求,将戏曲中道德教育的功能与学生思想道德课程结合起来,以丰富的历史知识、绝美的诗词歌赋、优雅的音乐舞蹈,引导学生崇尚忠孝节义、惩恶扬善、追求幸福的优秀传统思想。对于引导学生学习和践行社会主义核心价值观,具有独特的价值。

柳腔课程融合示意图

多元化的柳腔学习评价

柳腔学习的评价是检验、提升戏曲进校园效果的重要方式和手段，要充分抓住评价的诊断、激励和改善功能，来研究其在促进学生发展的作用及其做法如何改进。柳腔学习评价可以从学习态度、过程表现、取得成绩等多方面，贯穿柳腔学习的全过程和教学的各个环节。

一、评价目标

评价目标首先是依据国家课程的总目标，其次是戏曲进校园的核心素养培养目标，再次是各个学段目标。依据课程的内容要求，既要关注学生掌握知识、技能的情况，更重要的是考查学生道德品质、文化素养、艺术审美、团结协作、创新实践、舞台表演、乐队演奏等多方面素质的目标达成。通过评价，发现捕捉学生的进步及优秀的表现，并予以鼓励，不断加深学生成功的体验。注重学生戏曲作品展示、技艺表演等，更要注重学生戏曲学习的历程及体验，并因此所产生的对于德、智、体、美、劳等方面的有益影响，使评价内容丰富、全面。

二、评价方式

1. 过程性评价。

过程性评价主要考查学生在学习过程中的行为表现、学习态度、课堂学习阶段目标的达成情况等。通过观察、提问、交流、记录等方式，了解学生在学习过程中的学习态度、学习体验、学习困难，给予必要评价反馈。对于优秀的要及时加以鼓励，激发学生的积极性，同时也要指出存在的问题。

2. 开展考核达标。

这项评价主要通过各科教师结合自己教学的特点来进行。一定要采用灵活性的题目或任务，可运用表演、展示、纸笔测试等方式进行。如音乐可以表演经典唱段，美术可以以实物作品展示的形式。尽量采用等级制和评语相结合的方式，避免单纯以分数评价学生。最后汇总评选表彰优秀学生，授予"戏曲小达人"等荣誉称号，并颁发喜报及证书等。

3. 展示型评价。

每年举办校园戏曲节，首先以班级为单位评选出优秀作品，再进行全校比赛，最后通过柳腔汇报展示、名家名段赏析、戏曲知识竞答等形式，让学生在氤氲芬芳的戏曲天地里自由驰骋、尽情挥洒，激发学生"学柳腔、爱戏曲"的热情。

4. 社会性评价。

努力创造机会，让学生走出课堂，走出校园，组织学生走进敬老院、走进社区，挖掘柳腔素材，编写柳腔剧本，演出柳腔故事，感受成功的喜悦。

2023 年校园戏曲节比赛现场

戏曲美术作品展

学生制作的戏曲花旦脸谱挂饰

附:

即墨区实验四小2023年校园戏曲节比赛方案

为了丰富校园文化生活,活跃校园文化氛围,展示同学们在戏曲学习中取得的成绩,同时也为学生提供一个展示自我的平台。我校决定开展校园戏曲节活动,具体安排如下:

一、戏曲节主题:梨园润童心

要求:颂扬正气,内容健康向上,能充分反映我校学生的精神风貌以及综合素质,节目具有时代特征、校园特色、学生特点,融思想性和艺术性。

二、戏曲节比赛内容

1.戏曲演唱、表演大赛。

2.戏曲书画手工作品大赛。

演出现场

三、比赛要求

1.演唱表演类：

（1）参赛节目时间控制在 3~8 分钟。

（2）表演形式：

一年级、二年级：合唱、小合唱、表演唱、重唱、独唱等（附参考曲目）。

三年级至六年级：戏剧表演（附参考曲目）。

三年级至六年级：剧本编创。

（3）比赛展示时间：

班级比赛时间：即日起至 3 月 30 日。

年级比赛时间：

3 月 31 日（一年级、二年级）。

4 月 1 日（三年级、四年级）。

4 月 2 日（五年级、六年级）。

校级展示时间：4 月 15 日至 4 月 20 日。

校级展演时间：6 月 1 日。

学生课间排练

学生部分手工作品

2.书画手工类：

一年级：儿童戏剧脸谱织布手工制作。

二年级：团扇简笔画京剧脸谱。

三年级：戏曲花旦脸谱挂饰。

四年级：戏曲脸谱摆件，儿童布艺制作。

五年级：马勺葫芦带纹路脸谱绘画。

六年级：戏曲儿童画或纸质绘画云肩。

3.剧本编创类：

三年级至六年级根据童话故事、现实小故事或戏曲剧本，改编成适合同学们表演的小剧本，时间在6~12分钟。鼓励创作新的作品。

四、活动安排

1.下发本校戏曲节活动方案。

2.各班级根据学校活动要求积极组织学生全员参加自行选拔。

3.级部比赛要求一年级、二年级学生参与率不少于50%，三年级至六年级表演类根据所选剧目人数不得少于6人，剧本创编类不少于5篇。

4.要求各班承担戏曲教学任务的教师与各班主任协同做好排练工作。班主任有不明白的地方主动找相关教师协助。

五、艺术节奖项

各类别设一、二、三等奖及团体奖，6月1日集中颁奖。

六、参考曲目：

1.一年级、二年级参考曲目：

演唱类：《唱支山歌给党听》《读唐诗》《花灯记》（3选1或其他优秀唱段）。

2.三年级至六年级参考曲目：

表演类：《司马光砸缸》《墙头记》《新柜中缘》（3选1或其他优秀戏曲剧目）。

青岛市即墨区第四实验小学

2023年3月5日

课堂中的戏曲元素运用

传统意义上的课堂包含教室、教师、学生、课程、教学等，在戏曲表演课堂中，这些教学基本元素还可以被赋予不同的意义：当进行戏曲表演和戏曲剧本的朗读时，教室变为"剧场"，师生成了"角色"，教材成了"剧本"，桌椅成了"道具"，教学过程成了"演出过程"。由此，整个的教育元素呈现了一种不同的替换角色，无论是师生还是现场实物，都变成进行教学的演出元素。

一、教室成为"剧场"

这意味着教室内的一切元素都具备了教育性和表演性，教师要引导学生充分利用教室的空间将其转化为戏剧表演的元素来实现教育目标。例如把讲台当作舞台，黑板作为背景，部分学生作为观众等。让学生有一种身临其境的感觉，在表演、观看、体悟和互动中实现整个教育过程。

二、师生成为"角色"

在扮演中，无论是学生还是教师，都可作为戏剧中的一员，而不再是师生，无论是从语言、行动还是表情、心理都沉浸于戏曲表演中，在这种情况下，课堂不再仅仅是老师的讲、学生的听，而是"教师"与"学生"两个世界的并列转换。一个是现实世界的师生学习，一个是戏曲世界的角色表演，两个世界分别被赋予不同的作用及意义。在角色的转换中，学生的主动性大大增强，生成性和随机性也增多，这是与传统的师授生听有极大不同的。这不仅能提升学生的主体性，而且能发展学生的批判思维，使其学会主动地思考，主动地处理各种问题。

三、教材成为"剧本"

教材不仅仅是学生学习的文字与语言，而且成为师生表演创编的剧本，师生表演的基本素材和内容。

四、桌椅成为"道具"

戏曲中的道具本来就具有虚拟化，尤其在课堂中更不需要全部为真实的道具。只需要利用现有的桌椅及其他教室用品，便可以虚化为各种舞台物品，例如桌子可作柜子、假山，教鞭可作马鞭、武器、担子、仪仗等。

五、教学成为"表演过程"

把教学过程融入戏曲表演过程，通过师生表演实现戏曲学习的目标，把育人过程融入表演中。此时的教学关系并非传统意义上的"授—受"教学关系，而是依托戏曲扮演，完成戏曲教学的知识传递、个性塑造和素质提升的目标。在表演过程中，教师与学生共同表演，实现教化育人的目的。在戏曲表演过程中充满了对话和互动，这与传统教学中师授生听大相径庭。

学校大戏曲教育

戏曲具有审美性、文化性、娱乐性、教育性等多方面的功能，2020年起，王波校长带领我们探索将戏曲中体现核心素养的部分提炼出来，同学校教育教学的各个方面相融合，形成大戏曲教育模式。

首先是少先队活动，这涵盖着学生日常活动的各个方面，如果恰当地引入戏曲元素，不但能够丰富活动形式，而且对于活动的开展会产生意想不到的效果。例如在读书日参加古城拍摄活动。在区少先队工作会中，学校的小主持人身着戏曲服装登台主持，既有地方特色，又让人眼前一亮，得到少先队员们的喜爱。

在学校英语模仿秀活动中，教师在创编英文《花木兰》的基础上，将其融入戏曲元素，运用戏曲的唱腔、服装、道具、表演手法等，将语言改编成英文，最终在区英语模仿秀比赛中获得一等奖的好成绩。

读书日学生在古城参加相关活动

学校《花木兰》演出剧照

在学校劳动教育的教学过程中，教师把学生日常生活的劳动内容改编成唱词，用柳腔的唱腔进行演唱学习。

在区工会组织的教师风采大赛中，教师们改编了一首柳腔版《再唱山歌给党听》，歌颂了区教育和学校教师的新面貌，获得全区一等奖。在整个比赛及准备的过程中，教师们学习了化妆、表演，乐于参与，敢于参与，感受了

演出前学校老师互相化妆

戏曲的魅力，增强了凝聚力，提高了艺术素养。

附：

《花木兰》剧本

Mulan

Voice-over: Our story begins with a young girl in ancient China.

旁白：我们故事的主角是中国古代的一位年轻女子。

Her name is Hua Mulan.

她叫花木兰。

She lives with her parents, her older sister,and her younger brother in a little village.

她与父母、姐姐和弟弟生活在一个小村子里。

Sun Ying: Hi, I'm Sun Ying.

孙莺：大家好！我是孙莺。

Hua Xiong: Hi, I'm Hua Xiong.

花雄：大家好！我是花雄。

Mulan's mother: I'm Mulan's mother.

木兰母：我是木兰的妈妈。

Mulan's father: I'm Mulan's father.

木兰父：我是木兰的爸爸。

Mulan: I'm Hua Mulan. Now it's our show time. Let's begin.

木兰：我是花木兰。现在是我们的表演时间，让我们开始吧！

Voice-over: One day, Mulan follows her friend Sun Ying through the village.

旁白：一天，木兰跟随她的朋友孙莺跑到村子的另一头。

Mulan: Wait for me!

木兰：等等我！

Old Woman: Move! I can't see!

老婆婆叫道：闪开点儿！ 我看不见！

A man: Stop that!

一个男人：别嚷嚷！

Mulan: What's on the list?

木兰：名单上是什么？

Sun Ying: The enemy are now here,and we must fight them. The Emperor needs a very big army.

One man from every family must join the army tomorrow. The names of all the men in the village are on the list.

孙莺：现在有敌人入侵，所以我们必须奋起反击。皇帝需要一支很庞大的军队。每家必须出一名男丁，明天就去参军，村里所有男人的名字都在名单上。

Mulan: Oh,no! Look! My father's name is the first on the list.

木兰：哦，不！ 看！我父亲的名字位列名单之首！

Mulan:My father can't fight,He's old and ill. And my brother, Xiong, is a young child.He can't join the army.

木兰：我父亲不能去打仗，他年老多病。而我的弟弟花雄还是个孩子，他也不能参军。

Mulan: What can I do?

木兰：我该怎么办？

Sun Ying: You must think of a plan.

孙莺：你得想个对策。

Mulan: Yes, I must go home first.

木兰：是的，我必须先回家。

Sun Ying: Go.

孙莺：走。

Mulan: Father, Mother, I have some bad news. The Emperor wants a man from every house to fight in the army.

木兰：爹爹，娘亲！ 我听到一些坏消息。皇帝要让每家出一个男人参军打仗。

Mulan's father: Then I must go.

木兰父：那么我必须去。

Mulan's mather:You can't go, you're ill.

木兰母：你不能去，你疾病缠身啊。

Mulan's father:But when a man doesn't join the army, the Emperor punishes his family.

木兰父：可是如果不去参军，皇帝必然会降罪于全家。

Mulan: It's all right. I'm young and strong.I can go in Father's place.

木兰：没关系，我年轻力壮，我可以代替爹爹去参军。

Mulan's mather: But how? You're a girl and everybody knows it!

木兰母：那怎么行呢？ 大家都知道你是个姑娘家啊！

Mulan: I can be a man.I can learn to walk with my head up, and to shout when I talk. And I can wear soldier's clothes.

木兰：我可以女扮男装。我可以学着昂首阔步，高声讲话。而且我可以穿上士兵的铠甲。

Mulan's father:Mulan, you're a brave daughter. You can join the army and save our family name.

木兰父：木兰，你是我勇敢的女儿。你可以去参军，保住我们家族的名誉。

Xiong: Well, can I join the army with you?

花雄：我能和你一起去参军吗？

Mulan: You're a boy, Xiong. Perhaps you can be a soldier when you're a man.

木兰：你还是个孩子，花雄。也许等你长大后会成为一名战士。

Mulan's mather: Please be careful.

木兰母：一定要小心啊．

Mulan: Yes, Mum.

木兰：好的，娘亲。

Mulan's father:You must be ready to join the army.

木兰父：你得为参军做好准备。

Mulan: I need to buy a horse to the market.

木兰：我需要去集市买一匹马。

Mulan's father and mother: Yes.

木兰父母：好的。

An old man: Girl! Look at this horse. It's the best one in the village.

老人：姑娘，看看这匹马，这是村里最好的马。

Mulan:Can I ride it?

木兰：我能骑一下吗？

An old man: Of course.

老人：当然可以。

Mulan: It's wonderful. How much is it?

木兰：这马不错，多少钱？

An old man: This is a swift horse. It needs so much money.

老人：这是一匹千里马，需要很多钱。

Mulan: OK. I'll buy it.

木兰：好的，我买了。

Sun Ying : Mulan! You have a new horse! Where are you going?

孙莺：木兰！你买了匹新马！ 你要去哪儿？

Mulan: It's a secret. My plan is to join the army in my father's place.

木兰：这是个秘密，我准备替父从军。

Sun Ying: Mulan, you're very brave and clever. But please be careful. And good luck!

孙莺：木兰，你真是既勇敢又聪明，不过你可一定要当心啊。祝你好运！

Mulan: Goodbye Sun Ying. I will leave tomorrow. Thank you. Take care of yourself.

木兰：再见了孙莺，我明天就要走了。谢谢！你要保重。

Sun Ying: Goodbye.

孙莺：再见。

Mulan: Goodbye.

木兰：再见。

Xiong : Don't forget us.

花雄：别忘了我们。

Mulan's mother: Please, come home soon.

木兰母：一定早点回来。

Mulan: Don't be sad. Although I am a daughter. I have a man's heart.

木兰：别伤心。尽管我是女儿，但是我有一颗男人的心。

I can also go on the field to kill the enemy. Defend the country.

我也可以上战场杀敌，保家卫国。

And return in triumph.

最后胜利归来。

Group: As you know, as we know, Hua Mulan the bravest girl.Join the army, kill enemy. Win the honor for the family.

全体：你也知，我也知，

木兰是勇敢的女孩。

保家卫国，

成为我们的女中豪杰。

演职员表

孙熙媛　饰　花木兰　　Sunxiyuan — Huamulan

刘雨畅　饰　孙　莺　　Liuyuchang — Sunying

尹伊轩　饰　花　雄　　Yinyixuan — Huaxiong

毛凯乐　饰　木兰父　　Maokaile — Mulan's father

邢云茹　饰　木兰母　　Xingyunru — Mulan's mather

旁　　白：姜博文

编　　剧：李文文

指　　导：于明仙　李文文

艺术指导：薛　艳

摄　　像：于钦泉

导　　演：吴国峰

青岛市即墨区第四实验小学

2021 年 11 月

附:

《再唱山歌给党听》唱词

山欢水笑金风爽，

墨城校园好风光，

人民教师为人民，

百姓心里亮堂堂。

即墨教育质量好，

立德树人水平高，

爱岗敬业新面貌，

同学学习乐陶陶。

为了实现中国梦，

党的路线指航程，

听党话来跟党走啊，

跟着党。

跟党一起奔前程……

《再唱山歌给党听》演出后教师合影

柳腔教学课堂实录

第一课 柳腔之乡

一、导入

师：同学们，今天老师给同学们带来一段录像，请同学们观看。播放京剧《沙家浜》片段，问：你们听到的是什么？对，是戏曲，京剧，非常好！京剧是我们的国戏，下面请同学们交流一下自己查找中国戏曲资料的结果，小组交流一下。

小组交流小结：戏曲的产生与流传在我国已经有几千年的历史，主要是由民间歌舞、说唱和滑稽戏三种不同艺术形式综合而成。它由文学、音乐、舞蹈、美术、杂技等众多艺术形式以一种标准凝练而成。中国戏曲剧种繁多，各民族地区的戏曲有三百多种。

师：你还知道哪些戏曲呢？吕剧、茂腔、柳腔，非常棒，同学们知道得非常多，我国戏曲种类繁多，有四川的川剧，山东的吕剧，胶州的茂腔，即墨的柳腔等。

二、学习了解即墨的柳腔

师：下面，我们就来看看即墨柳腔。谁来说说你对即墨柳腔的了解？

生回答。

看投影：柳腔是山东境内广泛流传的"本肘鼓"演变而来的，最初在即墨西部比较流行，本来叫"溜腔"，因为不好听，所以后来改为"柳腔"。因为柳腔表现力丰富，语言朴实，故事贴近老百姓，所以深受当地人们的喜爱。2008 年被评为国家级非物质遗产。

柳腔里面有好多故事，如《田横别齐》《寻儿记》《三女拜寿》等。

柳腔故事多是来源于百姓生活，起到一定的讽刺教育意义。例如《三女拜寿》讲述的是妈妈喜欢大女儿、二女儿有钱，嫌弃三女儿家里贫穷。在三个女儿给她们父亲拜寿的时候看不起三女儿，后来家里因失火到大女儿二女儿家都没有管的，反而是三女儿收留了他们，最后妈妈受到了教育。

柳腔很好听，声调婉转，这是柳腔的一个重要特点，结尾音升高。

柳腔语言用即墨话，有的像诗一样，有的简洁风趣。

师小结：我们小学生能从戏曲中学到很多东西，故事蕴含的道理、唱腔美、道具服装化妆美，剧本好看，语言简洁等。我们学校的大哥哥大姐姐们自 2011 年开始学习柳腔，他们曾经于 2016 年参加了第五届中小学生艺术展演开幕式，并于 2018 年参加了中国教育电视台《国学春晚》等重大演出，我们学校也是即墨柳腔少儿培训基地，所以我们也要好好学习柳腔。

三、学习即墨方言说唱

师：我们作为即墨人，也要会我们的即墨方言，正是因为柳腔用即墨话说唱，所以得到广大乡村百姓的喜欢。

小组交流你们都知道哪些方言，重点学习即墨方言：太阳、月亮、上午、下午、深夜、地方等。

四、欣赏《赵美蓉观灯》

师讲解：元宵节的花灯很漂亮，但是古代女子不允许随便出门，所以在元宵节赵美蓉女扮男装到外面看灯，这一段就是她看花灯时唱的。

生：里面有很多灯，非常有趣。

师：柳腔在唱词及对白方面都非常讲究，有的通俗风趣，有的精练典雅，我们对于其中语言的学习也很重要，这段描写花灯的唱词生动活泼。例如"上有灯，灯万盏，下有灯那个万盏灯，八对纱灯上面挂，下坠八对玻璃灯，狮子灯，溜地滚，滚来滚去个绣球灯"。我们一起来读一下，体会戏曲语言的美。

另外还有"韭菜灯赛马鬃，摇头散发的芫荽灯，黄瓜灯一身刺，茄子灯紫荧荧"。将这些蔬菜描绘得多么形象生动！香菜，在我们这里叫"芫荽"。所以柳腔具体鲜明的地方特色，用上我们即墨的方言会更加生动。我们一起来读一下。

同学们能不能模仿这段唱词，写一写描写动物的花灯。

柳腔有它独特的腔调，下面我们学唱一下，师范唱。

生：跟唱，单独生唱，手拿扇子上台表演唱。

师：我们要表现出看到那么多花灯的喜悦好奇之情。

师：在青岛市非物质文化遗产日，我们学校的小演员们到青岛市五四广场专门进行了表演。

生：读儿歌。

五、小结

同学们，今天我们学习了即墨柳腔，哪位同学说说自己的收获？

同学们今天学习得非常棒，回去以后上网搜集一下柳腔的资料，课后交流一下。课后回家唱给家人听听。

第二课　快乐学唱

一、导入

师：同学们，唐诗，我们非常熟悉，而且能够背很多，下面请同学们欣赏一下中央电视台《经典咏流传》里面演唱的唐诗。同学们仔细听。

师：谁来说说你都听出了什么？

生：非常好听，唐诗，唱的是《静夜思》。

师：这支曲子是由雷佳演唱的，你看，我们的唐诗写得那么好，我

们还可以用优美的旋律进行演唱，但是同学们有没有听过用我们的即墨柳腔演唱的唐诗呢？我们学校就用即墨柳腔改编演唱过唐诗，同学们还登上了中国教育电视台的《国学春晚》呢。下面我们就来欣赏一下同学们的精彩表演。

二、师播放《国学春晚》演出画面

师：听了之后谈一下自己的感受？

生：好听，有意思，容易学习，能够唱出诗的感情来。

师：用柳腔演唱唐诗是我校的首创，这个作品曾经参加中国教育电视台 2018 年第二届《国学春晚》的演出，受到了观众的好评。

我们再听一遍，用戏曲演唱有什么不同？

生：像唱戏，里面的伴奏乐器有四胡还有戏曲的乐器。

生：朗朗上口，演唱的时候有好多连音线。

师：即墨柳腔是国家级非物质文化遗产，是我们即墨的文化名片，除了具备戏曲的所有特点之外，它还有许多独特的地方，一个是尾音升高，还有一个特点是，用的切分音特别多，例如床前的"床"字，还有"明"字，刚才有的同学唱得不太准，再跟我唱一下。

师：这首曲子开始是戏曲的过门，戏曲有即兴性和随意性，1 和 2 音的数量是不固定的，根据舞台上演员的行进速度来确定，当走得多的时候就长，走得少的时候就短。一起来跟我表演一下，师分别表演两种长度的过门，第二种是中间过门，即是小间奏，这也是体现柳腔特点的一个地方。同学们再找找，还有哪些中间过门？

师：同学们找得非常好，来，同学们跟录音唱一遍。

学生分组演唱。

师：同学们再加上表演的动作，举头、低头等。

柳腔可以演唱古诗，我们还学过哪些五言诗？同学们能不能用这个柳腔旋律演唱？师范例：锄禾日当午，汗滴禾下土。

三、欣赏《姊妹易嫁》片段

师：《姊妹易嫁》是清代小说家蒲松龄创作的文言短篇小说。主要讲述的是，张家大女儿自小与牧童毛纪定亲，但成年后，因嫌弃毛纪贫穷，不愿出嫁。后迫于无奈，父母让妹妹代替姐姐出嫁，谁知出嫁后不久，毛纪状元及第，前程似锦，张家大女儿后悔不已。这个故事教育我们不能嫌贫爱富。你听后有什么感受？

生：这一段唱腔欢快，表达了妹妹听到姐姐要出嫁的喜悦心情。

生：语言美，连续用了4个怪不得的排比句，而且押韵，结灯花、喜鹊叫喳喳、猫洗脸、喜蛛落檐下，烘托了姐姐要出嫁的喜庆。

师：由此可见柳腔的语言美，我们要加以学习。我们一起读体会一下，谁还能往下续写一下。

教师播放学生在文化中心演出的片段，学生欣赏。

四、学习戏曲中的角色

师：戏曲一个很重要的特点是妆扮美，包括化妆、服装、道具等，戏曲中人物穿着打扮不同，代表着不同的角色，中国戏曲中人物性格特色鲜明，哪位同学来说说戏曲中都有什么角色？

生：生、旦、净、丑。

师投影出示：

生：除了关羽等武生外的男子，不涂面，素脸，分老生、小生等。

旦：青衣、花旦、刀马旦（穆桂英等）、老旦等。

净：花脸，脸谱，包公（大臣正花脸），张飞（勇猛豪爽武将二花脸）等。

丑：小花脸，重说功，滑稽有趣。

师：自己喜欢哪个就画一画。

生：展示自己的作品。

五、小结

生谈收获。

师：许多戏曲是由历史故事改编而成的，自己回家搜集柳腔《姊妹易嫁》资料，并找蒲松龄的小说原著看看能不能读懂。

第三课　经典戏韵

一、导入

师：我们国家戏曲种类繁多，今天老师先带领大家欣赏一段安徽黄梅戏《天仙配》。下面，我们再来欣赏柳腔版的《天仙配》——《刘海砍樵》。（板书）

二、学习《刘海砍樵》

师：投影出示《刘海砍樵》故事简介。以砍柴为生的樵夫刘海，家有双目失明的老母亲，生活贫困，其人忠厚、勤劳，非常孝敬老人。刘海上山砍柴，狐仙秀英暗中相帮，以柳树为媒，山作证，在山林中二人结为夫妻。古典戏曲多有向往美好生活的愿望，戏曲赞颂了刘海的孝道和劳动人民向往真善美的美好愿望。

生：欣赏并跟着哼唱。

师：这可以说是柳腔版的《夫妻双双把家还》，这段唱腔朗朗上口，演唱的时候有好多连音线。例如"我把"的"我"字，刚才有的同学唱得不太准，跟我唱一下。

师：我们再看一下这段曲子的节奏，是四二拍，注意，它在戏曲中称为一板一眼。为什么呢，板式是戏曲音乐中的节拍和节奏形式。板式指板眼形式，即节拍形式。中国古代音乐及民间音乐通常以板、鼓击拍，板用以表示强拍，鼓则用以点击弱拍或次强拍。因此，在古代音乐及民间音乐术语中就把强拍称为板，而把弱拍或次强拍统称为眼，合称板眼。后来这个"一板一眼"比喻言语、行动有条理，符合规矩。有时也比喻做事死板，不懂得灵活掌握。"有板有眼"意思是指说话、做事很有条理；或指说话的样子、语气有模有样。"没板"形容人做事没原则、无底线、很差劲。

生：跟着演唱。

师：同学们分角色表演一下，前两句是女子，接着三、四句是男子，最后是齐唱，看哪个组唱得棒，要唱得一板一眼，有板有眼，不要呆板、死板。

生：边唱边表演。

师：戏曲的空间想象力。

刘海和胡秀英本来是在山上，但是通过最后一句，走啊走，行啊行，夫妻双双把家还，转了一个圈，我们就感觉是走了十几里地，到了家里，想象一下。

虚拟是戏曲表现生活的基本手法。它通过演员的表演，用一种变形的方式来表现生活。如"三五步行遍天下，六七人百万雄兵""眨眼间数年光阴，寸柱香千秋万代"。同学们说说自己的感受。

生：谈感受。

师：在具体的舞台气氛调度和演员对某些生活活动作的模拟方面，诸如刮风下雨、船行马步、穿针引线等，更集中、更鲜明地体现出戏曲想象性的特色。例如京剧《三岔口》，两位演员在舞台上通过肢体动作和面部表情的表演，明明台上灯光明亮，却使观众觉得是在漆黑的夜里，生动逼真。

同学们可以再想一下还有哪些这样的情景。

生：《赵美蓉观灯》中的上有灯，灯万盏，下有灯那个万盏灯，推

门、进门的动作，相互做一下。

三、欣赏《寻儿记》

师：战乱之中，孙淑林携长子朱砂贯走失，到处访夫寻儿。一家团聚，拒绝亲母的常天宝夫妇终被判流放边疆，受到应有的惩罚。这个故事告诉我们要孝敬老人，不能嫌贫爱富。

生谈感受：（语言）押韵，朗朗上口。前思后想，好不悲伤，荒旱又降，困在洛阳，山山乡乡等。

四、学习旦角

师：《寻儿记》的演唱角色是什么？

生：旦角，老旦。

师：旦行中有青衣（正旦）、花衫、花旦、刀马旦、武旦、老旦。投影出示，学生观看。

生：看一组图片，分别是些什么角色，通过衣服区分。

师：你喜欢哪个旦角？

生回答。

五、布置作业

回家表演一段"刘海砍樵"给家长看。准备绘画纸，搜集旦角的相关资料，下节课画旦角。

第四课　听故事，唱柳腔

一、导入

师：同学们，前面我们学习了即墨柳腔，谁来说说柳腔都有哪些独特的地方？

生：说的话是即墨话，唱的腔调不一样。

师：我们先来听一个唱段，师播放《卖宝童》片段，投影即墨柳腔有四京八记，包括《东京》《西京》《南京》《北京》，这个故事讲述的是《东京》中的第一折。

描写的是宝童听到母亲说家里贫穷无钱安葬祖母，他主动提出把自己卖了养活家人，从多个侧面刻画出一个聪明伶俐、乖巧懂事、心地善良、孝敬长辈的小幼童形象。

师范唱《卖宝童》片段，生谈感受。

生：这段描写要和母亲分别，母亲泪纷纷，愁坏了，没人缝衣襟。柳腔里的唱词押韵，用词恰当，泪纷纷、一个人、不要紧、缝衣襟等词语的运用读起来朗朗上口。

师：这个唱段是柳腔里最有代表性的唱腔，被称作"悲宫"，也可以叫作悲调，多是演唱一些凄婉哀怨的情节，里面还有一些变化音，所以我们在模仿上要特别注意，演唱速度要慢。

师：下面跟录音再演唱一遍。体会宝童与母亲分别时悲伤的感情。

二、学习一个用柳腔表演的小故事《司马光砸缸》

师：《司马光砸缸》这个故事家喻户晓，我们学校的老师和同学们把这个故事用柳腔表演了出来，下面请同学们看一遍分发给每个人的剧本，看有什么不同。

生：情节不同，我们学校对这个故事进行了改编。

生：在学堂里调皮的小糖豆要出去玩，司马光不让，然后他们一起玩捉迷藏，小糖豆掉进水缸里，众人先是合力推缸不成功，司马光急中生智砸缸救人。

生：都用即墨话表演。

师：对，这也是柳腔的另外一个特点，用即墨方言。糖豆想出去玩，班长司马光不允许，于是糖豆哀求司马光。这几句话要用即墨话，还要把哀求的语气表现出来："求求你了，小光，光光，再不玩师傅就要来了。"

师指导演唱，老师唱一句，学生唱一句，然后齐唱，找同学单独唱。

师：今天要以小组为单位进行模仿表演。因为今天老师带领同学们来到舞蹈室上课，所以同学们分别在不同的角落由组长负责分工，同学们分头表演一下。

师：老师讲几个注意问题：第一表演要认真，不能笑场，该紧张就紧张起来。第二要注意你们是在舞台上表演，所以要把脸对着台下，有的同学总是让屁股对着观众。第三就是说话吐字要清楚，声音洪亮，语速不要太快。最后，组长要分配好角色。

生分头表演。

师：下面哪个小组愿意上台给同学们表演一下？

生上台表演。

师：刚才那个小组表现得非常棒！但是司马光的机智、认真，糖豆掉缸里的着急语气要表现出来。

三、认识戏曲中的"生"

师：戏曲中的角色包括生、旦、净、丑。这里的宝童和司马光是哪一种呢？

生：生的一种，这里是小孩，叫娃娃生。

师：戏曲中除了关羽等武生外的男子，不涂面，素脸，分老生、小生、武生等。下面我们看看这些图片，区分一下。

师：同学们画一下其中喜欢的一种。

生上台交流。

四、学生谈收获

我们可以把一些历史故事改编成柳腔；学习了生的分类。

五、作业

各小组表演《司马光砸缸》。

第五课　唱柳腔，赞家乡

一、导入

师：同学们，你知道我们即墨有个田横岛吗？啊，同学们都知道，哪位同学去过，这么多啊，前面给同学们布置作业，搜集田横的故事，谁起来讲讲。

生：田横，秦末起义首领。原为齐国贵族，在陈胜、吴广大泽乡起义后，田横兄弟三人先后占据齐地为王。后汉高祖刘邦统一天下，田横不肯称臣于汉，率五百门客逃往海岛，刘邦派人招抚，田横被迫赴洛，在途中距洛阳三十里地的偃师首阳山自杀。海岛五百部属闻田横死，亦全部自杀。

师：田横是我们家乡的义士，他大义凛然，宁死不屈。投影出示。

司马迁："田横之高节，宾客慕义而从横死，岂非至贤，余因而列焉。"

诸葛亮："田横，齐之壮士耳，犹守义不辱。"

二、学习《田横别齐》

师：田横，是我们即墨人的骄傲，所以，即墨柳腔剧团也把他搬上了舞台，那我们就一起来欣赏一下这部戏的片段。

师：播放片段，看书上的图片，这就是解本明团长饰演的田横的角色，同学们看一下他在戏曲里面是什么角色？

生：老生。

师：看一下唱词，语言简练、生动，像诗一样押韵，朗朗上口："教育子民要孝敬，教育子民贵从善，欺天之事切莫做，衣食住行要俭廉"。这几句写得非常好，同学们齐读一下。

我们还学习了哪个戏曲的语言是这样的呢？

生：《姊妹易嫁》。

师：下面我们重点学习最后一句，师领唱，生跟唱、齐唱。

师：同学们看看戏曲唱腔的结尾有什么特点。

生：速度要渐慢，不要死板，结尾要铿锵有力，而且要有一个收尾的动作。

师：同学们反复唱一下，体会田横那种大义、正直的品质。表演动作要刚劲有力，大义凛然。

我们即墨有两千年的历史，还有齐国大夫、黄嘉善、郭琇等名人，同学们可以到古城看一下，里面立有他们的牌坊和事迹介绍。

三、欣赏《家风》

师：同学们，在古代我们即墨有田横等一批名士，在现代我们也有一群时代楷模，在2016年道德楷模颁奖典礼上就有一位打工替兄还债的女子，她叫马俊俊。即墨柳腔剧团也把她的故事改编为大型柳腔现代戏《家风》，赞美了她善良、坚强、诚信、执着，用诚信的言行凸显了孝老爱亲之美，恪守诚信之德，弘扬了社会主义核心价值观。

这部戏由袁玲等老师主演，袁老师的表演真实感人，唱腔委婉动听，整出戏感人至深。下面就请同学们欣赏这出戏。

师：通过观看，同学们有什么感受？

生：非常感人，唱得非常好听，我也要学习马俊俊身上诚信的品质。

生：我觉得奶奶也值得我们学习，我们要守信用。

师：爷爷是一个抗日英雄，奶奶保留着爷爷的军功章，但是奶奶没有用爷爷的军功章自居，而是讲诚信，主动还债，所以说信义可风，就是讲信义可为风范的意思。

你身边还有多少这样的人值得你去学习呢？

生：同学帮助人，拾金不昧。

师：你看，我们即墨柳腔不仅可以演古代的传统故事，而且可以表演我们现代的故事，所以我们要把即墨柳腔发扬光大。

四、布置作业

课后同学们回家从网上听一听，喜欢哪个角色就唱一唱、演一演。

第六课　画笔下的柳腔

一、导入

师：我们前面学习了不少柳腔的唱腔和柳腔知识，谁能起来演唱一段？

生表演。

师：刚才我们演唱了不同的柳腔片段，那么能不能说说你演唱的是哪个角色，穿着打扮有什么特点？

生：赵美蓉，小生，脸上没有太多的化妆。

生：《姊妹易嫁》中的姐妹，旦角，女子头饰漂亮。

生：四姥爷，丑角，脸上画着一块白色。

生：《田横别齐》里面的大将是净角，脸谱很有特点。

二、认识脸谱

师：同学们都非常棒，学习了这么多的唱段，那在学习戏曲中，除了唱和表演外，你觉得还有哪些地方好呢？

生：化妆漂亮（脸谱），衣服漂亮（蟒袍、帽翅、翎子、水袖、长胡子、厚底靴等），头饰、舞台、道具器械。

师：不同的服饰脸谱与角色的性格特点是相吻合的，例如赵美蓉身穿一身素净的衣服，手拿一把扇子，面色洁净；四姥爷是个丑角，头带乌纱，手拿一个马鞭，脸上画着一个白色的豆腐块，说唱让人感觉非常有意思；穆桂英背有靠旗，头戴翎毛，英武。在戏曲里最有特点的是净

角的脸谱了。

投影出示："脸谱"是指中国传统戏剧里男演员脸部的彩色化妆。这种脸部化妆主要用于净（花脸）和丑（小丑）。它在形式、色彩和类型上有一定的格式。内行的观众从脸谱上就可以分辨出这个角色是英雄还是坏人，聪明还是愚蠢，受人爱戴还是使人厌恶。它通过运用夸张和变形的图形来展示角色的性格特征。眼睛，额头和两颊通常被画成蝙蝠、蝴蝶或燕子的翅膀状，再加上夸张的嘴和鼻子，制造出所需的脸部效果。京剧脸谱的色彩非常丰富，主色一般象征某个人物的品质，性格，气度。

戏曲脸谱的设色方面，大多以民间喜闻乐见的色彩为主，不仅色彩绚丽夺目，而且也具有特殊的符号意义，用以象征人物的善恶、好坏、性格特点等。在图案设计方面，都有一定的寓意和说明功能。比如包拯脸谱上常以月牙表示"日断阳，夜断阴"，象征他铁面无私的性格特点。脸谱是人们长期实践中不断改进共同创造出来的智慧结晶，图案中包含了对人物形象、性格品质的典型总结，是印在人们头脑深处的符号。

红色：表现忠贞、英勇的人物性格，如关羽。

蓝色：表现刚强、骁勇、有心计的人物性格，如窦尔敦。

黑色：表现正直、无私、刚直不阿的人物形象，如包公。

白色：代表阴险、疑诈、飞扬、肃杀的人物形象，如曹操。

师播放京歌《说唱脸谱》：蓝脸的窦尔敦盗御马，红脸的关公战长沙，黄脸的典韦，白脸的曹操，黑脸的张飞，叫喳喳……

师：在家里，父母有的当红脸，有的当黑脸，就是一个表现疼爱多一些，一个表现严厉多一些。说别人奸诈就说你看你个大白脸。

师：戏曲有哪些脸谱的谱式？这些脸谱的纹样有什么特征？投影出示。

师生总结：三块瓦脸、十字门脸、碎花脸、整脸。三块瓦脸：夸张眉、眼和鼻窝，额部和两颊三块主色。十字门脸：用抽象的手法减去两颊主色，自鼻端至脑门的色条表示面部主色。碎花脸：正额主色，各个部位复杂的纹理，人物性格的复杂性。整脸：脸部以一种颜色为主。京剧脸谱的色彩非常丰富，主色一般象征某个人物的气质、性格、气度。综合性、虚拟性、程式化是中国戏曲的艺术特征。

三、学习脸谱的制作

师：结合学生的想法示范脸谱的制作步骤。

1. 在硬纸板上画出两眼的位置和脸形的轮廓；

2. 剪出两个眼睛，沿着轮廓线剪下脸形；

3. 脸形上下两侧各剪一个口，钉好或粘好；

4. 选择脸谱谱式，起稿，着色。

在共同示范中，指导学生重点注意着色要细腻、平整。学生通过与教师合作的方式，感受脸谱制作过程。

四、实践展评作业

1. 布置活动练习：以小组合作的方式，选编家乡地方"小戏"。根据戏曲中的人物的角色分别制作他们的脸谱、头饰与道具，完成后与同学们排练并进行表演。教师巡视辅导，辅导要点是脸谱制作精美，体现人物性格、戏曲表演精彩。

2. 组织学生小组为单位进行戏曲表演，展示各组成果。学生阐述戏曲人物特征，小组合作演出一个戏曲片段，组长分配担任不同的角色，穿着不同的服装，化妆进行表演。并对学生的展示进行评价。

3. 欣赏其他戏曲艺术作品，国画、剪纸、手工葫芦、戏曲人物绘画等。

国家级非物质文化遗产

第三章　柳腔故事

戏　缘

提起柳腔，那就像田里的地瓜，流淌的墨水河，浓郁的老酒，在每个即墨人骨子里已经打上了深深的烙印及情怀。作为即墨城乡结合部的一所局属小学，又是如何将学校与柳腔结缘，通过一群与柳腔有情怀的人的不懈努力，培养了一批批的小戏迷，从而以戏为媒而得之于戏的呢？

一、进校园

凡事皆有缘，柳腔课程进校园也即如此。柳腔剧团旧址位于原即墨老城区，因为有一个不小的剧场，还承担着放电影的任务，单位离剧场不远，便经常去看电影，一来二去，便和剧团的人员混得很熟，喜欢戏曲的我也经常去蹭几场柳腔看。2010年春，我跟曾经在剧团工作20余年，时任文化局办公室主任的于正建闲聊的过程中，自然而然地谈起了柳腔。从他谈话里得知他对于柳腔的喜爱与情怀，也得知了柳腔所面临的观众群体年龄偏大，国家级非遗后继乏人的问题。作为一名教育工作者，我随口提出"为什么不把这么好的东西带到校园里，让孩子们学习？"此话一出，一拍即合：打报告，柳腔进校园。

报告很快便打上去了，但是迟迟没有回音，于是便在焦虑中一直等待。2011年9月的一天，我突然接到于正建的电话，电话那头掩饰不住的激动："我们说的柳腔进校园的事马上办！"原来他刚刚调任柳腔剧团任团长一职。于是，我们马上忙碌了起来，学校挑选老师和戏曲苗子，剧团安排专职老师，每周到学校辅导社团活动，柳腔就此在四小扎下了根。现在想起来，柳腔在我校生根发芽，还真是有一些缘分。

二、挂牌

一晃几年，柳腔社团在学校小有成绩，但是剧团属于文化部门，学校属于教育部门，在很多问题的协调上还是有一定障碍的。2015年初的一个周末，同于正建团长小酌几杯，又共同谈起了这个话题：如何才能让柳腔进校园持续而且有制度性的保障？

柳腔少儿培训基地挂牌

"挂牌，让学校成为柳腔的培训基地！"一个想法生成，于团长当即一个电话打给了相关领导。谁知，时任文化局蓝英杰局长更是干脆，电话那边连说"好事、大好事，我们要马上办，而且要办好"。于是，不到一周时间，1月30日，"即墨柳腔少儿培训基地"在实验四小成立。

挂牌当天学生的演出

时任市委常委、宣传部长衣立渊、政协副主席孙俭习亲自为基地揭牌，时任教育体育局江黎明局长、文化局蓝英杰局长等相关领导都出席了这次揭牌仪式，柳腔进校

相关领导和学生参加挂牌仪式

园的全面展开在制度上得到了保障。

即墨柳腔少儿培训基地成立后，柳腔进校园得到了区委、区政府、宣传部、区文广新局等的大力支持，在政策上、资金上及人员上，对于我校柳腔教学的开展起到了很好的推动作用，从此此项工作步入了快车道。

附：

弘扬传统文化，传承柳腔艺术

——实验四小开展柳腔特色教育

（电视台脚本2015年4月）

【场景一】

主持人：每周三下午，是即墨市第四实验小学孙灿灿和她的小伙伴们格外高兴的日子，因为她们学校开设了一门新的课程——柳腔课。这是同学们正在排练即墨柳腔——《赵美蓉观灯》。

镜头：学生表演柳腔《赵美蓉观灯》。（录制学生排练场面）

【场景二】

为弘扬传统文化，对同学们进行传统艺术教育，多年来，实验四小开设了国画、武术、软笔书法、国学诵读、葫芦丝演奏等传统文化课程。

特别是自 2011 年以来，在市柳腔剧团的大力支持下，姜秋芝、李秀梅等专业教师来到学校，从身段训练、唱腔、戏曲理论等方面对学生们进行系统培训。同学们还走进了柳腔剧团，亲身感受柳腔艺术的魅力。

镜头 1：（画面）

学生们上国画课、武术课、国学诵读课、葫芦丝课；

剧团老师给学生上课，学生们走进剧团参观学习。观看田横别齐及进排练场拿器械等镜头。

镜头 2：（采访剧团团长）

柳腔是即墨的艺术瑰宝，是即墨的文化名片，多年来，我们柳腔剧团积极推广并大力支持让柳腔进校园，走进下一代，让我们的传统艺术得以更好的传承发展。

镜头 3：（采访剧团老师）

作为一名柳腔演员，指导下一代孩子们学习柳腔，我感觉这是一项很有意义的工作，既让孩子们得到戏曲艺术的熏陶，感受到戏曲艺术的博大精深，也让即墨柳腔后继有人。

【场景三】

主持人：

实验四小还将即墨柳腔纳入校本课程，剧团老师和音乐教师共同为学生们编写了柳腔教材，制订了柳腔教学计划和教学方案，把柳腔作为一项必需的教学内容在课堂上授课，并在同学们中开展戏曲知识问答、戏曲片段比赛、柳腔戏剧欣赏等活动。

镜头：柳腔校本教材等；薛艳、马守英在课堂教学柳腔；阶梯教室场景。

【场景四】

主持人：

　　学校还选取 160 多名同学组成了 4 个柳腔社团，配备了专业指导教师指导同学们的柳腔学习，小演员们现在已经编排了《赵美蓉观灯》《太平盛世》《办年货》《拾玉镯》等多部传统剧目，多次参加庆"六一"文艺展演、市中秋晚会、市春节晚会、元宵节踩街、"五王"大赛等大型文艺活动，其中《赵美蓉观灯》还参加了青岛市非物质文化日演出活动。中央电视台《非遗中国》栏目和山东电视台《山东新闻》先后对我市我校传承柳腔艺术进行了专题报道。学校毕业生周裔伟、耿璐璐两名同学现在已经成为市柳腔剧团骨干演员。

　　镜头 1：播放《非遗中国》《山东新闻》《五王大赛》《春节晚会》《半岛都市报》《即墨新闻》等视频或图片。播放两位毕业生的图片或剧照。

　　镜头 2：

　　采访学生：张晓彤（用挂牌当天的视频）

　　采访王校长：多年来，学校致力于让全校每一个孩子都了解柳腔、热爱柳腔，进一步打造学校柳腔艺术特色品牌。更为可喜的是，柳腔剧目中蕴含的做人、做事的道理让学生通过读剧、看剧、编剧、演剧有了深刻的体会，学生的道德素质有了进一步提高。相信在各级领导的关怀和支持下，我们一定能够将柳腔这一艺术瑰宝发扬光大，为继承和弘扬即墨优秀传统文化做出应有的贡献！打造一所有"戏"的学校！

　　镜头（背景）：学生们排练《司马光砸缸》，表演《拾玉镯》。

【场景五】

　　主持人：

　　即墨柳腔已经有 200 多年的历史了，被列入国家级非物质文化遗产名录，还被誉为"胶东之花"，是我市传统文化艺术的典型代表。

　　年前，即墨市柳腔少儿培训基地在实验四小成立了，市委常委、宣

传部长衣立渊、市政协副主席孙俭习为基地的成立揭牌，相信有了上级
领导的关心，有了柳腔剧团的大力支持，实验四小的同学们一定会深受
这一民族艺术的熏陶，即墨柳腔这一传统剧种也一定会在同学们心中生
根发芽。

　　镜头：揭牌仪式相关视频图片，校门口挂牌视频。

戏　情

　　从 2010 年到现在，柳腔进校园已经 10 余年了，从最初十几个孩子的简单学唱到现在全校学生都学习柳腔、喜欢柳腔，可以说离不开一个个对戏曲、对教育有情结的人。有青岛市艺体处及文广新局和教育局的领导的支持，有剧团前后两任团长的亲自统筹规划，有柳腔剧团一批专业老师的认真指导，还有学校一批敬业、奉献的老师们。他们无一不是怀着对柳腔、对教育事业、对孩子们深深的感情的。

一、最美教师的诞生

　　我校薛艳老师生于长于即墨的西北乡——柳腔的盛行地，50 多岁，从教 30 余年。在实验四小戏曲进校园这 10 余年中，她带着对柳腔浓厚的感情，并为之付出了大量心血。

　　2010 年起，我校开设柳腔社团，作为一名音乐教师，她义不容辞地承担起柳腔教学的任务。她虽然从小喜欢柳腔，但真正作为一名柳腔

2016 年 12 月，为准备柳腔专场汇报演出，薛艳老师带领老师、同学们加班加点进行训练

教师对她来说面临着不小的挑战。为了上好每一节柳腔课，她多方搜集资料，筛选适合学生表演的内容，到剧团去向专业老师请教。从"走圆场""走台步"到"片腿""翻身"一招一式地学，从简单的"南锣"到具有一定唱功的"欢调"一字一句地模唱。为了使教学更适合孩子的心理特点，在她的带领下重新编排改编剧目，编写柳腔教材。为了编写这套教材，她和老师们搜集了大量的材料，请教了无数次专业的老师，在编写过程中光草稿校正就用了几百张，耗费了不知多少心血。

为让学生爱上柳腔，她积极打造愉快的柳腔课堂。她一次次走进孩子的内心，与学生亦师亦友，让孩子们爱上戏曲。2016年1月，她所排练的柳腔节目《赵美蓉观灯》被青岛市预选参加全国第五届中小学生艺术展演开幕式的演出，接到任务后师生很兴奋，他们加班加点，力争以最美的姿态展示给全国的观众。可是，在三月初第二次审节目时，由于剧目重复，导演组指出，我们这个节目面临两个选择：一是弃权，二是改节目。于是，她和柳腔剧团的老师不停研究、创编、排练，进行节目的重新排练。几个月中，为了不耽误学生上课，她便上午上课，下午排练，周课时达到27节，工作的辛苦可想而知。有的同事不理解，问她，"你职称也评上了，五十岁的人了，这么辛苦，图个啥？"她欣然一笑："我是没什么出息了，但愿我的努力能成就孩子们的未来。"排练再艰辛她都能承受，让她心里最亏欠的是父母。2016年春天，七旬高龄的母亲两次心脏支架手术，她都因为工作的关系没有在跟前。

2016年4月，在她的带领下，孩子们表演的即墨柳腔《花灯记》登上了第五届全国中小学生艺术展演的舞台。

"殚精讲坛传非遗，呕心梨园润童心"，薛艳老师的事迹也因此于2017年在即墨电视台党建频道《榜样》栏目进行了专题报道，2018年，她被评为"即墨最美教师"。

柳腔进校园的一点一滴都凝聚着像薛艳等一大批教师的大量心血，像学校分管艺术教育的王洲锡、李晓燕、于钦泉、钱丹丹，像马守英、苏健、高立鹏、邱婷婷、张瑶等音乐教师，像陈丽娜、周蓓、丁丛丛等美术教师，像孙丽君、李青等班主任和其他任课教师，正是因为他们对于柳腔的一份热情，对于教育事业的一份感情，才使得即墨柳腔在实验四小乃至即墨得到蓬勃发展。

二、编写柳腔校本教材

说起柳腔教材的编写，时间跨度很大，从 2010 年柳腔进校园到 2020 年的出版，整整跨越了 10 年。地方戏曲多年来都是口传心授，简单地说就是师傅带徒弟，师傅教一点徒弟学一点，师傅怎么想就怎么教，很少有完整的戏谱和剧本，都是在艺人的脑子里。演出时也没有固定的乐谱，而是根据剧情的发展凭多年的经验进行演奏，所以就出现了演出的即兴性。相同剧目往往演员不同则演唱、演奏不同，甚至同一个人两次演出相同剧目也会不同，更没有教材可谈。

即墨柳腔也是如此，没有一套成型的教材，更没有一套适合学生的教材。所以在柳腔进校园的教学中，剧团和学校的老师面对新的教学模式，可以说是无从下手。先教什么，后教什么，怎么教，都是摆在老师们面前的难题。

针对戏曲进校园教学的随意性与盲目性这一情况，我们首先同剧团的老师进行探讨：例如从哪些戏曲基本功入手学习，学唱曲目的难易顺序等等；然后由音乐老师进行记录，在学生的学习中调整学习顺序。两三年后逐渐形成了一个默认的学习顺序，这就是教材的最初型制，类似于一个提纲。

2015 年，随着即墨柳腔少儿培训基地的成立，音乐老师都通过简单的培训走进课堂进行柳腔教学，但也出现了教学方法不一，教学内容

不一，教学质量参差不齐的混乱现象。于是我们认识到了如果延续地方戏曲口传心授或简单提纲的方式，已经远远不能适应学校教育教学的需求。能不能集中剧团和学校老师的智慧，利用现有的资料，结合已有的教学经验，自己编写一本柳腔教材？于是，我们组织剧团及学校音乐教师共同参与成立教材编写小组，着手柳腔教材的编写工作。

编写过程中，没有一套可以借鉴的材料，于是，我们先找剧团的专家搜集到了剧团以前出的几本有关柳腔的介绍及剧目汇编，然后从网上简单地搜集到了一些素材。通过讨论，初步确定了一些耳熟能详且适合儿童演唱的剧目片段，并划定了一些柳腔基本知识点，由剧团专业老师把关，确定知识点及剧目的准确性，由学校老师确定内容的难易及是否适合小学生。

后来，我们对教材进行了不断充实，在基本知识的学习上既选取了戏曲通性方面的唱腔、服饰、化妆、表演等知识，也选取了柳腔独有的相关内容；在演唱方面选取了《赵美蓉观灯》《花灯记》等经典的唱腔片段；在聆听欣赏等方面选取了能够体现柳腔代表作品的《即墨大夫》《状元与乞丐》等片段；在表演方面选取了我们自己编写的适合孩子的《司马光砸缸》《墙头记》等片段。另外，还大胆创编了一些内容，例如用柳腔腔调表演的《读唐诗》《夸夸四小我的家》等。通过经典与现代，原创与改编，成人与少儿的结合，丰富了教材的内容。

在教材的结构上，因为戏曲最基本的是唱腔和舞台表演，在没有范例的情况下，我们确立了以音乐课本为范本，以音乐教学中戏曲片段的教学为参考，在每一课中包含着聆听、演唱、表演、欣赏、基本知识等内容的课例体系，分别由音乐教师薛艳、马守英、高立鹏、苏健和美术教师陈丽娜、丁丛丛、周蓓等负责，根据由易到难的原则，分为低、中、高年级版本进行编写。因为手头没有现成的材料，更没有网上能找到的

校本教材手稿

现成的图谱，最初老师们就找一些大的 8 开的纸，在纸上写文字、描图案、抄剧本，同时又发动了美术老师帮着设计版面、勾勒图案。通过三个多月的努力，几易其稿，厚厚的三沓手稿完成了，里面布满了老师们写的、涂的、改的笔迹，有钢笔抄的，有铅笔描的，用彩笔画的，其中无不凝聚着老师们辛勤的汗水。

　　对于初稿，我们没有急于印刷，先由音乐、美术老师根据编写的教材到每个班级教学试用，在教学过程中发现问题及时修改订正并充实。

　　很快，教学中发现了一些问题，仅仅编写出教材是不行的，戏曲学习没有相关的配套参考资料及音像资料，对于老师上课是极为不方便的。于是我们又进行了第二轮编写，把手头的资料汇编，整理出一本柳腔参考书，里面搜集了几乎所有能够搜到的柳腔的资料，简单打印出来，由每位教师使用。然后到剧团，找出所有的音像资料，从中采集出教学中需要的音乐和戏曲片段，对于确实没找到的音像资料再由剧团进行录制。

校本教材初稿

2017 年 9 月，《柳腔》获得青岛市优秀课程

经过近半年的努力，一套柳腔配套参考资料完成了，这极大地方便了老师的课堂教学，促进了校本课程的实施。2017 年 9 月，《柳腔》获得青岛市优秀课程。2018 年《即墨柳腔》被评为精品课程。

三、美术校本教材《童心绘柳腔》

戏曲演出活动的准备工作非常复杂，包含服装的穿戴、道具的制作等，特别是化妆更为耗时。简单的小生妆在 20 分钟左右，复杂的花脸妆需要一个多小时。所以，每次演出之前，不但所有音乐老师要参与，而且所有的美术老师和年轻的女老师都要一齐上阵，但是这样有的时候还是忙不过来。后来老师们便找一些女学生先进行扑粉等基础工作，个别大学生也凑上前主动学习并帮助老师。一次，一名美术老师提出，化妆的内容在美术课中也占有一席之地，能不能利用美术课带学生学习戏曲化妆，这样既减轻了教师的负担，又让学生学习到了美术技能。

这个建议得到了我们的一致赞同，并且我们决定不仅仅是戏曲化妆，还要把戏曲中的脸谱绘制、服饰、道具等融入美术课中。于是，我们召集美术教师，共同研究戏曲中与美术教学相融合的部分，确立了"童心

演出前化妆

绘柳腔"的主题，把戏曲中的脸谱与美术课上的绘画、蛋壳、面具制作等相结合，把戏曲中的化妆与美术课上的化妆、审美、人物性格相结合，把戏曲中的布景、道具制作与美术课中的欣赏、手工相结合。通过美术教师的努力，学校墙壁上挂满了学生戏曲绘画作品，手工陈列室里摆满了各色戏曲葫芦、蛋壳、丝线、粘贴等手工作品。在《新墙头记》的排练中，需要制作一块墙的道具，于是，美术老师和同学们齐上阵，首先找一张适合高度的桌子，然后制作一个围着桌子的木框，最后在木框上

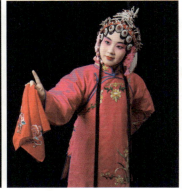

学生拍摄的戏妆照

戏曲手工作品

封上一块布，并在布上画出墙的轮廓并涂上色彩，戏曲美术也成为学校艺术教学的一大特色。在长时间的戏曲审美的学习中，学生们也渐渐爱上了传统妆扮，有的同学还专门拍摄了戏曲妆扮专辑。

随着素材和经验的积累，2020 年，一本《童心绘柳腔》的美术校本教材也诞生了，这本教材也被推选参评青岛市精品课程。

四、柳腔教材的出版

2019 年，我校被评为青岛市戏曲艺术团，2020 年 5 月，上级拨付了专项经费，这项经费只能用于戏曲教学。上半年是疫情，没法开展活动，经费基本没动，下半年也较少外出活动，所以剩余经费较多，我们便想到了柳腔教材的出版问题。我们的教材虽然早就被评为青岛市精品课程，但是学生手里没有，学校只有自行外出印刷几本作为教师教学参考用书。于是我们召开办公会多次研究，首先请示了青岛市教育局及即墨相关领导专家，并进行了详细的论证及征求意见，最终决定出版教材。

经过多年的积累，教材终于要正式出版了，我们干劲十足，送出版社前，我找到薛艳老师，请她带领相关老师进行认真修改，仔细核对每一个字，确保质量。几天后，薛老师给我稿子，我马上进行了再次核对。前后历经了几个星期，我们从中找出了许多问题，更换了大量图片，把国学春晚、"五艺节"开幕式等大型活动的图片都充实了进去，并纠正了许多重复、疏漏的地方，使其更加准确丰富。经过几天的重新排版制作，我们信心满满，打印了一份彩版发给了出版社。

11月23日，我接到出版社编辑的电话，跟我交流书稿的修改事项。对方非常严肃、认真，向我提出了许多稿子的问题。我听后不禁冒了一头汗，因为其中许多问题都是我忽略的，感觉自己太不专业、太不严谨了，对于出教材一事想得太简单了。对方说帮我在书稿上画出了问题，并再三要求认真修改。第二天，我收到了书稿，通篇密密麻麻的修改痕迹，更是让我感叹编辑的敬业。她不懂戏曲教学，但是许多问题比我们老师都专业，图标是创编还是聆听，三个的、地、得的使用，标点符号的使用，目录与内容小标题的统一，标题的字体，每一个板块的字体和底色，甚至每一句唱词都上网搜索核对是否正确，另外还有词曲作者的位置，版面格式字号。

于是我们进行了二次修改，经过我和薛老师几天的加班，在孙友军老师的认真校对排版下，打印出一份再次进行校正，结果又发现了许多问题，于是进行了三次修改。附录页的问题特别多，因为是我们自己编写的几个戏曲的剧本，所以不管在行文上，还是格式上，都有许多问题。11月28日，重新修改的教材稿打印了一份彩版寄给了编辑。11月30日，

出版社提出修改的部分内容

编辑反馈好多地方没有按照她的要求去做，如版权页，标点格式等。于是我们查证问题的原因，原来是在制作过程中制作软件的问题，它自动生成标点格式，排版老师无法设置自动修改。12月11日，编辑又反馈了许多问题，

书稿校对排版

特别是地图轻易不能有，因为这涉及专业问题，需要经过严格的审批，而不是自己从网上下载就行，等等。每次修改都让我感觉到自己对于教材出版的知识欠缺和不严谨。

12月12日，复审稿又寄了过来，薛老师和我到排版处进行修改。确实，书稿中又检查出大量问题，但也有些地方戏的语言特点，他们也不是很明白，如"这不开门"中的"这"是即墨口头语，给改成"还"字。另外特别提出附录错误太多，没法修改，要全部删掉。这下我们都懵了，附录第二册占12页之多，如果删除等于删掉全书三分之二，而且附录也是书的很重要的一部分，是学生上课用的剧本，我们都不同意删掉，于是决定继续改，不管修改多少遍。

在附录的修改过程中，我们首先把一些方言尽量进行了调整，使其既能让人看懂，又不会产生歧义。于是找来学校中文专业的王琳和朗诵方面擅长的潘科成两位老师协助修改。王琳仔细查阅并求证了一些资料，找到小学课本模板，并要回电子稿，进行了认真的修改。好多地方我们都搞不明白，例如剧本中间人物的动作用全角的一半中括号，人物中间的动作用括号，括号里面结尾不加标点，多个人物同时说话人物怎么排

列等。人物罗列之间到底有没有标点没有定论，后来又进行了多方求证，甚至找到了王琳老师的大学老师帮忙求证，综合多人的力量，我整合了整个剧本，终于把书稿完成。

总结一下修改教材过程中需要注意的问题：

1. 剧本中"幕起"不是"幕启"。

2. 剧本前面人物介绍之间用空格不加顿号。

3. 标题可以用分隔符。

4. 话外语用一半全角中括号。

5. 剧本人物语言后面用空格，不用冒号。

6. 人物语言中间加说明用小括号，里面最后不加标点。

7. 独幕剧和多幕剧要区分。

8. 句后可以同时用问号和叹号，表示既疑问又惊叹。

9. 剧本中两个人同时说话这两个人物要并列。

10. 一二三级标题字体字号需要统一，不同板块加不同底色。

11. 段落省略用双省略号。

12. 人物称谓前后要统一，否则加注释。

13. 正文上下对齐。

14. "吗"和"嘛"的用法不同。

15. 方言要加注释及代替字。如即墨方言"拜说了"的"拜"是"别"的意思。

16. 舞台走路方向专业描述用走向几点方向。

17. 语言叙述在括号后面不能加标点。

18. 剧本中人物语言的延长省略号与破折号的使用要区分开。

19. 所有小标题统一字体格式。标题不能加书名号。

20. 曲谱中的歌词要加标点。

21. 老子、这厮（斯）、娘们儿、害死了等词语要改为适合学生的语言。"和着"伴奏，不是"合着"伴奏。

22. 戏曲中的青衣像花旦，如扮演的杨贵妃，要区分开。

23. 所有字体大小颜色要统一。

24. 独幕剧要加上标识。

五、到剧团观看大型柳腔历史剧《田横别齐》

最初，柳腔进校园一直还是停留在社团活动的形式，如何让学生体会到原汁原味的柳腔演出，让他们切身感受到非遗的魅力，我们一直在探索。2014年，剧团把即墨家喻户晓的历史人物田横的故事改编成了大型柳腔历史剧《田横别齐》，取得了很好的效果。时任柳腔剧团团长于正建对于戏曲进校园有着特别的情结。11月5日，他及其剧团决定为同学们专门演出一场，组织部分学生及家长到即墨剧院观看。观看前，于团长带领学生们参观了柳腔剧团，观看了演员的排练、化妆、服装、道具等。演出前还对戏曲及柳腔的起源、特点、剧目等进行了介绍，演出后同全体演员合影留念。通过此次活动，给学生们留下了深刻的印象，推动了柳腔深入校园之中。这也是第一次组织学生走进剧场观看演出。

时任柳腔剧团于正建团长（三排左三）和全体演员及同学们合影

《状元与乞丐》演出现场

六、送戏进校园

戏曲走进校园是最直接最有效的学习方式，张成林团长把此项工作设为常态，不但每学期固定开展几次，而且进校园的形式也丰富多彩。有整出戏的大型演出，也有戏曲片段，有戏曲知识讲座，也有小的折子戏和戏曲小品，有在报告厅的小型活动，也有开来演出车让全体师生共同观看、参与。

2016年12月2日，柳腔进校园演出。

这次演出的剧目是《状元与乞丐》，讲述的是宋朝丁家，兄弟俩花春、花实同年同月同日各生下一子，取名文龙、文凤，在庆岁宴上，舅父为二子算了一卦：因诞生时辰不同，认定文凤是状元命，而文龙是乞丐命。十八年后，文龙通过努力考上了状元，而文凤整天游手好闲，沦落为乞丐。整个故事反转，教育人不要迷信，要勤奋努力。

张成林团长对于演出非常重视，专门安排了演出车，剧团全员参与，对于整个剧目进行了适当删减，以更加适合学生观看。整个演出全校一

至六年级学生全部参与，用时两个多小时，富有教育意义的剧情，演员生动诙谐的表演赢得了学生们阵阵掌声和欢笑声。通过这点可以看出，虽然戏曲的受众主要是中老年人，但是如果选取合适的剧目，恰当地改编和引导，学生们还是能够认可和接受的。

2021年3月24日，柳腔进校园演出。

这次戏曲进校园采取了听、演、讲、学等方式，穿插的节目大多短小，适合孩子欣赏。同学们还同台表演了几个节目，特别是最后一个节目，全校1500余名同学和演员们台上台下同唱柳腔版《读唐诗》，取得了很好的效果。

柳腔进校园，现在已经成为常态，其中不光是剧团老师和演员们的付出，还有许多幕后工作者，他们搭建舞台、乐队伴奏、音乐录制及化妆等。

学生观看柳腔演出

舞台搭建

音响、乐队、化妆团队

2023年4月20日，柳腔进校园演出。

李修梅老师指导学生

演出后师生合影

七、三次获评市级艺术团，三次参加市级汇报演出

自从柳腔进校园以来，青岛市体卫艺处处长赵云风和区艺术专干黄卫星等一直非常关心这一项目的发展。赵云风处长曾多次亲临现场进行指导，并于2019年11月带领五区市艺术专干到学校调研和指导。在他们的关注下，戏曲进校园在政策、资金、活动等多方面得到了大力支持。学校先后于2016年、2017年、2019年三次到青岛市大剧院参加市中小学生汇报展演，并于2016年、2019年、2022年三次获评市级艺术团。

2019年11月27日，青岛市体卫艺处处长赵云风（左一）带领五区市艺术专干到学校调研戏曲进校园

青岛市体卫艺处处长赵云风（三排中间）一行到学校调研戏曲进校园

戏　迷

戏曲进校园，培养了一批热爱传统文化，热爱戏曲的少年儿童，通过孩子们还带动了一个个家庭，家长们纷纷来到学校，来到剧场，观看地方戏柳腔，感受她的无穷魅力。

一、风靡四小及整个青岛的"司马光"

戏曲作品中适合小学生的很少，柳腔中尤其少，如何在课程中创作适合学生的作品，这一直是困扰在我们心头的难题。音乐中有很多作品是移植的，能不能在姊妹戏曲中移植呢？抱着试试看的想法，我从网上搜集了大量的作品，一次突然看到河南豫剧改编的《司马光砸缸》，这出戏既诙谐幽默，又富有教育意义，能不能把这个作品改编成柳腔呢？这个想法得到了薛艳等老师的一致赞同，于是我们又找到柳腔剧团，马上进行了音乐、唱腔等的改编工作。

在改编过程中，道具水缸也成了一大焦点，因为最初是一个好缸，学生需要掉到缸里，最后又要砸破缸从缸里出来。缸的形状不规则，加上有洞，又需要携带方便，便成为此次活动的难题之一。通过商量，我们灵机一动，何不就此结合美术课程，让学生都参与其中？于是，在美术课上，老师便布置了这样一个手工题目：做一个缸，一开始应该是一个完整的缸，司马光砸的时候缸要破，人要能从缸里面爬出来。全校学生都发挥智慧，进行了缸的创作，各种方案纷纷出炉：有用纸壳拼的，有用真缸砸一个洞改的，有用木头钉的；有做成一个完整的缸的，有做成一半缸的。在砸破缸后洞的处理上也五花八门，有提前做好一个完整的，真正将它砸破，有提前将缸破洞轻轻粘在缸上的。综合全校师生的智慧，最后我们选取了一个方案，即根据鸟笼子的原理，用竹子按照缸的形状扎好骨架，再把周围用油画布围起来，美术老师把布画成缸的样子。再把前后各挖一个洞，后面的洞是司马光掉缸里钻进去的，前面的洞用纸壳做一个大大的"福"字挡住。当司马光砸缸时顺势从里面推开福字，便成了一个破洞，落水的孩子便可以从里面出来。通过此次活动，将柳腔道具的制作很好地融入美术课程中，充分发挥了学生的想象力和手工制作能力，同时也调动了学生对柳腔的兴趣。

《司马光砸缸》最终大获成功。参加了当年青岛市戏曲节闭幕式，还参加了青岛市中小学生艺术展演汇报演出，连续夺得了青岛市艺术节一等奖、山东省艺术展演一等奖等荣誉。青岛市体卫艺处赵云风处长一提起这出戏便会兴致勃勃地讲述司马光的扮演者房正：大脑壳、沙哑嗓子，在演出间隙调皮而又可爱，在活动中更是不呼其名，直接叫"司马光"，房正便"唉"的一声飞快地跑过来。更为重要的是在四小甚至全青岛市掀起了《司马光砸缸》的热潮，兄弟学校纷纷效仿演出。在四小的校园剧比赛中，每个班级都表演这出戏，司马光也成了班级中聪明勇敢同学的代名词。

《司马光砸缸》剧照

二、小"赵美蓉"

学校有一位老师的孩子叫曾扬，从戏曲进校园起，她便在社团中跟随表演。久而久之，每天回家便会随口唱上几句。家里的爷爷奶奶，本来也会哼唱几句地方戏，一来二去，有事没事，电视里总喜欢播放几段柳腔，在客厅里举行小型戏曲演唱会便成了家常便饭。

有一段时间学校里排演《赵美蓉观灯》一出戏，曾扬便在学校及家里经常演唱。一次放学回家敲门，奶奶问"谁"，曾扬随口便哼唱着第一句戏词"赵—美—蓉"，奶奶开门便接了下句"进—灯—棚"，曾扬小碎步来到客厅中央来了一个亮相，又接了下一句"丁字步，站当中，杨柳腰把身挺，素白小扇遮着面容"。当场全家一片掌声！在柳腔的学习中，不仅带动了学生的参与，也带动了一大批的忠实家长。用张成林团长的一句话就是：你们学校是一个学生带动八名家长，因为你们的工作让我们柳腔后继有人。

李修梅、薛艳老师带领曾扬（前排左三）等同学于 2013 年 6 月在青岛五四广场参加世界非物质文化遗产日活动

三、最小的柳腔爱好者

2016 年 12 月 23 日，即墨区实验幼儿园的小朋友到学校观摩同学们的柳腔表演，成为一批最小的戏迷。2020 年 8 月，薛艳老师到古城南阁幼儿园指导孩子们学习柳腔。

学校师生指导幼儿学习柳腔

学校师生和幼儿园小朋友合影

四、对柳腔的执着

成绩的取得得益于日常刻苦的训练，同学们夏练三伏、冬练三九，对于柳腔的执着和迷恋是他们刻苦训练的源泉。

同学们刻苦训练

五、柳腔剧团最忠实的观众

说起自己与柳腔的渊源，最早可追溯到童年时期。本村属于公社驻地，不时有柳腔剧团到村里的空地演出。我那时五六岁，懵懂地跟着母亲听了几回，便产生了深刻印记，印记着卷席筒里面苍娃装死的好笑，印记着柳腔那绕着心头的旋律。到三四年级时，每当听到村中广播有柳腔演出，便一天盘算着这个事。演出广场恰好在放学路上，为了占据有利位置听戏，我索性放学后不回家吃饭，直接到广场中心提前占领地盘。先用石头摆成一个方阵，自己坐在中间，直到家人的到来及演出的开始。慢慢地，如果听说邻村有演出，便坐在哥哥的自行车后面去追剧。有时去得晚了在后面看不到，哥哥便把自行车摆正，让我在后座上站着看，一站就是两个多小时。20世纪90年代，歌舞取代了柳腔，便较少看到柳腔的演出了。

与剧团的伴奏老师们一起参与演出排练工作

　　2010 年前后，在国家大力推广和扶持下，柳腔重新焕发了活力，我也重拾了儿时的记忆。不但可以经常听柳腔，而且可以把它带进校园，让国家级非遗在校园一步步成长、开花、结果。最初，也听到了一些不同的声音："土得掉渣""不洋气""是农村妇女听的""不适合少年儿童"等，连上级组织的比赛也仅仅有合唱、器乐、舞蹈，没有戏曲类。当时彷徨过，也焦虑过，但是总觉得它进校园是有价值的，况且还有剧团和学校的支持，于是在怀疑中坚持了两年，训练学生基本功，学习一两个经典片段。

　　2013 年起，国家连续下发了支持戏曲进校园的文件。加之市艺术节、非遗活动日等的参与，大大点燃了我们的热情，柳腔在学校走上发展的快车道。柳腔本身就根本没有少年儿童的作品，于是寻求改编、创新剧目。记得当时在网上搜索观看了大量的其他剧目的视频，希望能够引发灵感。偶尔看到河南豫剧改编的多个故事作品，顿时打开了我的思路：

儿童戏曲学习不需要像成年人那样大片段地演唱，用戏曲的形式加上适当的唱腔进行表演即可。于是集思广益，动手参与改编，有时为了一个情节的转换和一句台词的斟酌，可以几天思来想去，甚至半宿突然产生一个灵感，便马上拿起手机进行记录。有了剧团老师的支持和学校老师的努力，一个个作品也随之诞生。

自己喜欢二胡，有时便到剧团参与一下演出的伴奏工作。从喜欢听到参与演，自然是高兴。但听跟演完全不一样，最初简直是手忙脚乱，柳腔的调性、演奏方式、鼓点的规律都找不着北。于是便请教几位剧团老师，了解其规律和演奏特点，再就是现场录下音来，回家一句一句听，一句一句琢磨。久而久之，基本能够较好地进行伴奏了，而且体会到了演出中与乐队和演员的和谐与默契。通过排练和演出，对柳腔的一些特点有了更加深刻的认识，从而能够更好地应用到校园戏曲教学中。剧团成了自己的家，剧团老师们也都成了自己的兄弟姐妹。不管学校有什么需要，从团长到二十出头的小演员都倾心帮助，自己也成了剧团最为忠实的观众。

六、"梨园润童心"现场会

2016年底，戏曲进校园已经近7年，并取得了一系列的成绩。当时的体卫艺科科长王晓燕便要求我们做一场全市的现场会，让相关的领导、音乐教师参加观摩。如果要单纯参加一个演出，对于我们来说不难，但是一个现场会需要一台

"梨园润童心"专场汇报演出场地

完整的节目，而且要体现群体参与，对于我们来说是个不小的挑战。

领导和观众观看演出

　　此时，柳腔剧团给予了全力支持，把地点定在文化中心剧场，剧团全体成员齐上阵，一方面分头帮助学校排练各个节目，一方面从灯光音响到化妆等各个环节都做了精心准备。历经两个多月，学校老师加班加点，涵盖经典唱腔演唱、儿童剧表演、基本功展示、器乐表演等多个节目及戏曲美术作品展示准备完毕。最后一个节目表演唱《唱唐诗》，我向薛艳老师提出了一个要求，就是当天200余名演出学生从二年级到六年级要全部上场，这可增加了不小的难度，二年级的小同学甚至连台上位置都找不到。几位音乐老师连续多天加班，最后终于实现了这一个节目的登台，让每一个学生都得到展示。事后薛老师开玩笑地说：那个节目纯粹是让你给逼出来的。

　　演出当天，各级领导及即墨区音乐教师、我校学生教师等近千人参加了此次活动，引起了社会不小的轰动。

　　柳腔进校园，很重要的是学校内外整体的协同配合，如剧团的支持帮助，教学的课程协调，管理的组织配合，总务的后勤保障，班主任、特长老师的认真参与等。尤其是每次大的活动，都是整个团队的协同作

战。下面附上此次活动的安排、流程、分工等，从中可以看出上下联动、不分你我的工作精神。还有我们制作的精美宣传册。

精美宣传册

演出剧照

附：

"梨园润童心"即墨市第四实验小学柳腔专场汇报演出日程安排

【时间】2016 年 12 月 29 日下午 2:00

【地点】新时代电影城（振华街 100 号）

【拟邀请领导】：市政协迟建珉副主席、市委宣传部宫传春副部长、青岛教育局体卫艺赵云风副处长、文广新局兰杰局长、教体局江黎明局长、兰克庭副局长、文联蓝英杰主席等。

【参加人员】

柳腔班 230 人，其他班 17 人，其中五六年级只参加古诗的当观众，其余学生在排练厅候场，教育系统其他单位人员及本校当天没有课的教师、领导共约 100 人，家长 247 人。共计场内坐 450 人，演员在排练厅候场。

【演出部分要求】本次演出由柳腔剧团老师及本校学生参与，共计 9 个节目，其中本校独立演出 5 个节目，同剧团老师一起演出 4 个节目。共约 50 分钟。

【时间安排】

一、2:00-2:10，观看学校柳腔特色展牌。

二、2:10-2:15，观看学校柳腔特色宣传片。

三、2:15-3:00，汇报演出。

"梨园润童心"柳腔专场汇报演出活动流程

上午艺术老师、柳腔班主任、于钦泉、宫杰、美术老师到场。

1. 班主任发放给家长通知安排，当天上午，所有柳腔班学生由家

长 7:40 送到演出场地，班主任 7:20 到达新时代影城门口清点并管理学生，统一带入演出场地，都在演出场地内候场。学生带白开水，中午学校准备午餐。

2. 艺术老师及其他老师 7:30 到场，做好排练准备工作。

3. 8:30 开始彩排，班主任负责学生管理，艺术老师负责排练。

4. 上午 10:00 前，美术老师布置展牌完成，中午前准备好宣传材料的组合。

5. 彩排结束，开始化妆。

6. 中午统一安排就餐。因等候时间长，所以学生可以带一些书籍。

7. 下午场外、场内所有人员 1:10 到场。

8. 1:30 演员由班主任带到排练厅候场。二年级、三年级、四年级由班主任带入排练厅，五年级、六年级学生观众入场坐好。

9. 1:30 开始入场检票。美术老师发放宣传材料并引导观看展牌。

10. 1:30 大屏开始播放学校宣传片。

11. 1:30 录像到位，宣传人员到位。

12. 1:55 来宾入场，播放图片及视频。

13. 2:00 准时开始。

14. 提前 3 个节目学生观众全部带出准备上场。

15. 3:00 离场，于钦泉负责指挥（开始演出之前先告诉家长离场顺序）。

来宾及其他单位人员先离开，家长及学生先不动。（在给家长一封信中说明）

二年级学生由班主任带队先到走廊等候，然后二年级学生家长出去接孩子。依次三年级至六年级。

梨园润童心
即墨市第四实验小学柳腔进校园专场汇报演出节目单

主持人：万明、张晓彤、于上雅

开场：《柳腔欢鼓》

表演：五、六年级柳腔班

指导教师：马守英

一、《花灯记》

表演：袁玲、五六年级柳腔班

指导教师：袁玲、薛艳、苏健

二、柳腔基本功展示

表演：二、三、五、六年级柳腔班

指导教师：周裔伟、周浩、姜昊、王杰、薛艳、苏健

三、《观灯》

表演：姜秋芝、张知峰、华学洪、李婷、四年级柳腔班

指导教师：姜秋芝、李婷、潘格、马守英、隋信宁

四、《林教头风雪山神庙》

表演：五年级柳腔班

指导教师：李修梅、薛艳、宋雁州

五、《姊妹易嫁》

表演：周璐璐、俞松岩、六年级柳腔班

指导教师：华学洪、张知峰、周璐璐、俞松岩、薛艳

六、《司马光砸缸》

表演：二、三年级柳腔班

指导教师：袁玲、薛艳、苏健

七、《刘海砍樵》

表演：韩梦、宋雁州、四年级柳腔班

指导教师：韩梦、宋雁州、马守英

八、柳腔演唱古诗

表演：二至六年级柳腔班全体同学

指导教师：姜秋芝、薛艳、苏健、马守英、隋信宁

节目流程

1.总指导：袁玲　学校总负责人：薛艳（王一仕主任协调）

主要任务：负责节目演出、人员调配、音响、灯光等的所有演出安排调度。

2.演出其他参与人员：

马守英、苏健、隋信宁、万明、于钦泉、宫杰、剧团老师、学校其他老师等。

主持：万明；调节目：隋信宁；剧务：于钦泉、宫杰；左侧台：马守英；右侧台：苏健。

剧团老师：剧务、灯光、音响、大屏、字幕。

【开始前】大屏播放学校2部宣传片。开场鼓摆放到位。来宾入场坐定后，演员上场。

【开场柳腔欢鼓】（1'30"）负责人：马守英、隋信宁

观众就座完毕，切光，音乐响起，灯光慢慢亮起。大屏播放欢鼓。

开场结束，演员带道具退场，全体演职人员上台协助撤台。

主持人3人上场（3支话筒）。

【花灯记】（3'00"）负责人：薛艳、苏健

袁玲老师和18名学生（1支胸麦）。

主持人上场。

【柳腔基本功展示】（3'00"）负责人：薛艳、苏健

学生 16 人。

乐队现场伴奏。

【观灯】（4'00"）负责人：马守英、隋信宁

4 位剧团老师，8 名四年级学生。

伴奏音乐（学生唱，老师唱，4 支胸麦）。

主持人报幕。

【林教头风雪山神庙】（7'00"）负责人：薛艳、苏健

道具：桌子凳子 4 把；5 名学生。

音乐由学校老师按片段播放（5 支胸麦）。

【姊妹易嫁】（3'00"）负责人：薛艳、苏健

2 名六年级学生，2 名剧团老师。

乐队现场（4 支胸麦）。

主持人报幕。

学生观众带出演出场地。

【司马光砸缸】（7'00"）负责人：薛艳、苏健

6 名学生。

道具：缸；拿上道具，音乐响起，灯光起（6 支胸麦）；音乐按片段播放。

【刘海砍樵】（3'00"）负责人：薛艳、苏健

4 名四年级学生，2 名剧团老师。

乐队现场（6 支胸麦）。

主持人报幕。

【柳腔古诗演唱】（4'00"）负责人：剧团老师、薛艳、苏健、马守

英、隋信宁、各位班主任

200人，提前2个节目观众席人员集合。

音乐原唱，老师1支话筒或胸麦。

【主持人】谢幕

请领导上台合影。播放欢庆音乐。

领导、来宾、家长学生依次退场。

"梨园润童心"实验四小"柳腔进校园"专场汇报演出主持词

（师）尊敬的各位领导，各位来宾，

（生1）敬爱的爷爷、奶奶，

（生2）亲爱的叔叔、阿姨，

（齐）下午好！

（师）今天，我们怀着无比高兴和激动的心情欢聚一堂，共同参加实验四小柳腔进校园专场汇报演出。

首先让我们以热烈的掌声向各位领导和来宾的光临表示热烈的欢迎和衷心的感谢！

（生1）2016年，我市教育成果丰硕，艺术教育成绩突出，特别值得一提的是我们实验四小的柳腔进校园活动。

（生1）即墨柳腔被誉为"胶东之花"，有着两百多年的历史，已被列入国家级非物质文化遗产名录。

（生2）是的，如果说京剧是我们的"国粹"，那柳腔就是我们的"市粹"了。

（师）自2011年起，我校成立4个柳腔社团。2015年1月，柳腔少儿培训基地在我校成立。为进一步贯彻落实国务院《关于支持戏曲传承发展若干政策》的精神，市教体局和文广新局领导经常到校关心指导柳腔进校园的工作开展情况，柳腔剧团在各个方面都对学校给予了大力支持，让柳腔作为学校课程全面展开。同时，剧团专业老师们还为同学们改编创作了多部适合少年儿童的作品，同学们不仅喜欢上了家乡戏，还都会唱家乡戏。

同学们参加了全国第五届中小学生艺术展演开幕式，连续两年代表即墨参加了青岛市中小学生艺术展演闭幕式，还参加了中国大学生微电影颁奖典礼、山东省戏剧比赛、青岛市非遗纪念日、青岛市"五王"大赛等大型活动，中央电视台、山东电视台、《青岛日报》等先后对我校进行了报道。我校柳腔社团还被评为青岛市艺术团，可以说，柳腔已经成为我校的一张特色名片。

（生1）生旦净丑，描绘世间百态，

（生2）笙箫锣鼓，谱写华彩乐章。

（师）即墨市第四实验小学"柳腔进校园"专场汇报演出——（齐）现在开始！

（生2）首先请您欣赏袁玲老师和同学们表演的《花灯记》。

一、《花灯记》

（师）刚才表演的《花灯记》，在今年的4月11日，参加了第五届全国中小学生艺术展演开幕式，这是全国中小学生最高规格的艺术演出。教育部副部长郝平、山东省副省长王随莲等出席了开幕式，现场有来自全国31个省、自治区、直辖市及香港、澳门的3000多名中小学生。小演员们向全国师生展示了家乡柳腔的艺术魅力。《花灯记》今年还登上了在青岛大剧院举行的青岛市中小学生艺术成果汇报展演。

二、柳腔基本功

（师）哎，晓彤，你学习柳腔多久了？

（生1）差不多4年了。

（师）觉得苦吗？什么时候感觉最苦？

（生1）练手眼身法步的时候感觉挺难的，特别是练基功的时候。

（师）什么是基本功？

（生1）基本功就是基本功啊。比方说练（拉元宝）的时候，我们一个个疼得龇牙咧嘴，汗流浃背，那时候感觉快坚持不了了。

（师）为什么最后又坚持下来了？

（生1）那是在排练《花灯记》的时候，袁老师正好感冒了，但是看到她带病来给我们上课，我们便咬咬牙，坚持学习。因为我们在柳腔的学习中，不仅受到了艺术的熏陶，还学到了许多知识呢！

（师）真是好样的。俗话说："台上一分钟，台下十年功"，正是演员们台下辛勤的付出，才赢得了台上的满堂喝彩。接下来请欣赏最吃功夫的柳腔基本功展示，让我们一起领略同学们矫捷的身姿。

三、《林教头风雪山神庙》

（生1）《林教头风雪山神庙》是《水浒传》中让人欲罢不能的著名片段，以柳腔的艺术形式再现出来，林冲的形象更是让人难忘，同学们排练的这部戏还代表青岛市参加了山东省戏剧比赛。请欣赏。

四、《观灯》

（师）《赵美蓉观灯》是咱即墨家喻户晓的柳腔经典唱段，经过改编而成的《唱唱即墨新气象》，赞美了我们家乡即墨的巨大变化，同学们排演的这出戏参加青岛市"五王"大赛获得戏王比赛"希望之星"奖、集体项目最佳表演奖，并两次登上即墨市少儿春晚的舞台。

五、《姊妹易嫁》

（生2）接下来请您欣赏的是柳腔传统名段《姊妹易嫁》。《姊妹易嫁》表现的是：清代乾隆年间掖县富商之女张素花自幼许配毛公，毛公家贫，素花瞧不上毛家，当毛公上门娶亲之时，她拒不上轿，其父匆忙之中只得让二女代姐出嫁。此唱段是姊妹二人在花园谈话的情景。

六、《司马光砸缸》

（师）在柳腔剧团专业老师的指导下，我们还在继承传统的基础上紧贴时代，用柳腔编排了历史小故事《司马光砸缸》，2015年参加了青岛市戏剧节开幕式，同年代表即墨市在青岛大剧院参加青岛市艺术成果汇报演出。

七、《刘海砍樵》

（生1）《刘海砍樵》的故事大家耳熟能详。以柳腔艺术呈现的《刘海砍樵》又会给我们带来怎样不一样的感受呢？请欣赏。

八、《古诗新唱》

（生2）春眠不觉晓，处处闻啼鸟。最后请欣赏同学们用柳腔柳韵吟唱的《古诗新唱》。

九、尾声

（师）朋友们，金猴腾云去，雄鸡报晓来。再过几天就是崭新的2017年。

（生1）成绩让我们骄傲，喜悦洋溢心中。

（生2）站在岁首，我们翘首企盼，未来的一年我们有更多的展望，更多的梦想。

（师）柳腔艺术必定会扎根我校，扎根即墨，繁衍成根深叶茂的参天大树！

（生1生2）我们也一定不会辜负各级领导和柳腔前辈的期望，使得"柳腔"这一艺术瑰宝在我们这一代人手中发扬光大！

（生1）粉墨缤纷，同唱梨园欢歌，

（生2）霓裳锦绣，共迎万家祥和。

（生1）让我们衷心祝愿即墨的柳腔艺术不断发扬光大！

（生2）衷心祝愿即墨的柳腔艺术之花开得更加绚烂夺目！

（师）再次衷心感谢各位领导、各位嘉宾的光临，感谢所有观众朋友的用心聆听，感谢所有演员的精彩演绎，同时请允许我们对柳腔剧团的所有艺术家的辛勤付出，真诚地说上一声：

（合）谢谢！

（师）即墨市第四实验小学"柳腔进校园"专场汇报演出到此结束，朋友们，再见！

（生1生2）再见！

柳腔专场汇报演出分工一览表

工作	具体内容	分管领导	负责人	具体要求
邀请来宾		王成广	孙云泽	
教体局通知		孙云泽		教体局下发通知，并附上回执以便入场
宣传	教育微信、报道	孙云泽		
整个演出	节目演出及上下场	孙云泽（下午王一仕辅助协调）	薛 艳 马守英 苏 健 隋信宁	详见演出流程
			剧团老师	舞台、灯光、音响、字幕（薛艳提供词）
	演出学生组织及候场		音乐老师 班主任	周四全天在文化中心，上午全体在柳腔剧团剧场候场，下午只有五六年级在剧场内，其余在排练厅候场。演出时二年级由三年级班主任协助，打鼓的由四年级班主任协助

（续表）

工作	具体内容	分管领导	负责人	具体要求
整个演出	主持稿	孙云泽（下午王一仕辅助协调）	万 明	演出部分
	剧务		于钦泉 宫 杰	道具上下台、话筒等
	候场		班主任	组织好学生在排练厅等候
宣传	展牌	孙云泽	陈丽娜 美术组	提前将展牌摆放好，并于当天负责管理收回
	入场材料发放		陈丽娜 美术组	每位入场成人一份宣传材料，一张光盘，一张节目单
	录像		于钦泉	全程录制，刻录光盘等
观众组织	停车场及场外车辆停放	梁海滨	范学青 保卫科	只允许来宾及演出车辆进入，其余车辆一律不得进入，并停放到指定地点
	入场		张高伟 大队部	检查入场人员是否有票或回执方可入内，不得允许社会人员进入
	入场至演出场地		张高伟 大队部	入场至演出地点巡视观众安全有序进出。
	通知家长		张高伟 大队部 班主任	发放给家长一封信，由班主任发给学生，并飞信通知，确保每个学生及家长按时到位
	演出场内		张高伟 大队部 班主任	场内安排好位置，提前留出嘉宾及学生位置，嘉宾坐第三排，学生坐第一、二、四排。中间不要空位，监控安全。就座学生100人，来宾100人，家长250人
后勤保障	午饭及其他后勤工作	沙朝阳	总务处	250名学生、15名老师、剧团30人
学校管理等		宋春芝	王一仕 各级部主任	保证学校工作的正常进行。音体美、大队部、教导处、邵崇林等需要调课

实验四小"梨园润童心"柳腔专场汇报演出
致家长的一封信

各位家长朋友们：

大家好！伴随着新年的钟声，我们迎来了充满希望的 2017 年。一年来，在全校师生的努力下，在各位家长的大力支持下，学校在各个方面取得了优异的成绩。

习近平总书记指出：培育和弘扬社会主义核心价值观必须立足中华优秀传统文化。即墨柳腔被誉为"胶东之花"，已被列入国家级非物质文化遗产名录。它因具有独特的地域文化特色和浓郁的乡土气息深受群众的喜爱，是我市传统文化艺术的典型代表。

2011 年起，在市教体局、市文广新局的支持下，柳腔走进实验四小校园。市柳腔剧团专门安排高水平的专业演员到校指导，并多次送演出到学校。2015 年 1 月，即墨市柳腔少儿培训基地在实验四小成立了，这极大地推动了柳腔在实验四小的学习与传承，柳腔作为校本课程全面展开。

2016 年 4 月 11 日，我校排练的柳腔《花灯记》参加了第五届全国中小学生艺术展演开幕式。教育部副部长郝平，山东省副省长王随莲等参加了开幕式。中小学生艺术展演是全国校园艺术的最高规格演出活动，参加这次开幕式也是我市中小学生首次登上全国艺术演出的最高舞台，小演员们向全国师生展示了家乡柳腔艺术的魅力。

同学们还排演了《赵美蓉观灯》《太平盛世》《办年货》《拾玉镯》《姊妹易嫁》《刘海砍樵》《林教头风雪山神庙》等多出传统剧目。同时，在传承的基础上也与时代接轨，既挖掘中华历史文化题材，又贴近现代时代气息，编排了课本剧《司马光砸缸》《夸夸四小我的家》《喜看即墨新气象》等紧贴学生生活实际的新作品。小演员们分别参加了中国大学生微电影大赛颁奖典礼、青岛市纪念非物质文化遗产日、青岛市"五王"大赛等大型活动，连续两年在青岛大剧院代表即墨市参加青岛市中小学生艺术节闭幕式演出。中央电视台《非遗中国》、山东电视台《山东新闻》、山东电视台少儿频道、《半岛都市报》等多家媒体先后对学校柳腔艺术的传承及发展进行报道。学校毕业生周裔伟、耿璐璐同学现已成为柳腔剧团骨干演员。今年，我校柳腔社团也被评为青岛市艺术团。

为了充分展示我校柳腔艺术方面取得的成绩，学校于 2017 年新年来临之际，举行"梨园润童心"柳腔专场演出活动，诚邀家长朋友参加此次活动。具体安排如下：

【时间】：2016 年 12 月 29 日下午 2：00 正式开始，1：30 开门凭票入场，请家长不要提前到场地等候。

【地点】：新时代电影城（振华街 100 号）

【演出当天安排】

1. 当天上午，所有学生由家长 7：40 送到新时代电影城门口，将学生送到班主任手中，由班主任统一带入演出场地。

2. 上午彩排，班主任负责学生管理，艺术老师负责排练。

3. 中午学校统一安排就餐，学生不回家，自带白开水，不要带零食。

4. 要求学生一律准备大的棉衣，以防着凉。

5. 下午家长到新时代影城观看演出，演出完毕由家长将学生带回。

【家长注意事项】：

1. 演出当天人数多，并且有许多学生，所以请家长一定注意安全。进出及就座有序，不要拥挤。

2. 家长一律凭学校入场券进入，无入场券一律不允许进入，不要带

小的孩子进入。

3.进入场地后要听从工作人员安排，按顺序找座位就座，不要大声喧哗，不准吸烟。

4.任何家长不得提前把孩子带走，应听从学校统一安排。演出完毕家长和孩子一律在座位上等候，由学校统一安排，先由观看的其他来宾离场，再是二年级到一楼大厅等候，然后班主任带领二年级学生到一楼大厅，由家长领回；然后依次是三到六年级。

5.因为演出地点没有停车位，所以请家长将车辆停放到古城等其他地方或乘坐公交参加活动。

在新的一年里，我们本着让每一位学生在艺术学习中感受美、欣赏美、创造美，培养学生高雅的气质、良好的素质、优秀的品质，努力让每一个孩子成功成材。

祝愿我们的孩子们在四小的摇篮里健康茁壮地成长！

谢谢！

即墨市第四实验小学

2016 年 12 月 29 日

-------- 请 --- 沿 --- 此 --- 虚 --- 线 --- 剪 --- 下 --------

"梨园润童心"即墨市第四实验小学柳腔进校园专场汇报演出
入 场 券

时间：2016 年 12 月 29 日 14：00

地点：即墨市文化中心（振华街 100 号，新时代影城 4 楼）

注意：请家长凭此券入场，一券只限一人

七、转发 5000 余次的邀请函

戏曲进校园专场汇报演出获得了成功，当时就有人提议，你们既然做得这么好，为什么不进一步走出校园让学生得到实践、让社会一同参与呢？

即墨古城承载着即墨人的乡土情怀，游客众多，而且古城戏台与柳腔相得益彰。负责艺术工作的黄卫星老师一直非常重视我们的戏曲进校园工作。2017 年 9 月，他积极联系沟通，让我们到古城戏台举行一场汇报演出。这场演出是在露天场地举行，观众不多，所以特意安排在周末，但是因为突然有活动冲突，最后被安排在周四晚上，这更可能出现没有观众的情况。

现场观众

演出剧照

　　节目是没有问题，但是如果现场观众稀稀落落，这次活动也就逊色不少。于是我们就制作了一个邀请函，将活动的内容及学生过去一些活动的图片及小视频编辑其中，向学生家长进行了转发。谁知取得了意想不到的效果，学校共有1500余名学生，最后转发近5000次。当天晚上现场座无虚席，大批观众站着看完了演出。据不完全统计，当晚观看演出的人员2000多人，这里面除了学生及家长外，还有学生的爷爷、奶奶、亲朋好友以及喜欢柳腔的中老年人。通过这一场活动，不但很好地让学生得到实践及锻炼，而且对即墨柳腔起到了很大的推动作用。四小的柳腔也在社会上进一步唱响。

八、全校同学的大聚会——元旦汇报演出

学校元旦汇报演出起源于 2007 年
1 月 10 日的特长班展演，从 2013 年起
我们的戏曲已经成为汇报演出的重要节
目。现在，这个活动已经成为全校同学
的一个大聚会，学校在小礼堂设立主会
场，各班设立分会场。分会场要求人人
参与，主会场多用整班的形式，让尽
可能多的学生登上舞台展示自己。2020
年我们首次采用了向家长和社会直播的
形式，全校 1500 人，有 500 余人参加
主会场演出，演出当时观看直播的就达

班级观看直播

到 16 万人次，最后连回看共计 20 余万人次。通过这种形式，给同学们
一个展示自我的舞台，也为戏曲艺术的普及打下坚实基础。

主会场演出

主会场演出

主会场演出   视频直播

戏　得

　　一段段戏缘，一个个戏迷，一出出戏情，方有一次次戏得。由10来人的柳腔社团到校本课程，由大戏曲教育到办一所"有戏"的学校。学生参加全国艺术展演、央视演出，获全国小梅花最佳节目奖、省市艺术展演一等奖。被教育部评为"全国中小学中华优秀传统文化传承学校"，获省级教学成果二等奖、市教学成果一等奖。在中国教育科学研究院学术论坛做典型发言，中国教育电视台、中国政府网、中央电视台、新华网等多家媒体对我校进行了报道。

演出师生合影

一、实验四小柳腔亮相全国第五届中小学生艺术节

即墨电视台宣传片脚本（2016年6月录制）

【导播】2016年4月11日，即墨市第四实验小学排练的柳腔《花

原文旅局兰杰局长（后排中）同小演员们合影

灯记》参加了第五届全国中小学生艺术展演开幕式。教育部副部长郝平，山东省副省长王随莲等参加了开幕式。这次展演是全国校园艺术的最高规格演出活动，也是我市中小学生首次登上全国艺术演出的最高舞台。

【镜头】播放演出。

【解说】演出当天，小演员们早早就乘坐大巴来到钻石体育馆，进行紧张的准备工作，柳腔剧团特意派了4名团员帮助化妆，他们每一笔、每一画都做到细致认真，光化妆就用了将近3个小时。参加这么大型的演出，小演员们虽然紧张，但是也抑制不住内心的激动与高兴。一切准备完毕，经过安检，终于进入了演出场地。

【镜头】化妆入场等。

【解说】现场有来自全国31个省、自治区、直辖市及香港、澳门特区、新疆生产建设兵团的观众。小演员们终于盼来了这一时刻，演出非常成功，她们用最精彩的表演向全国的观众展示了家乡戏柳腔的艺术魅力。

【镜头】演出画面及现场观众等。

【解说】实验四小的柳腔作为我市唯一入选这次开幕式的节目，受到了领导和师生们的高度重视。为了向全国中小学生展示出最好的精神面貌，自2015年下半年起，实验四小的师生们就为此次活动进行了紧张的筹备工作。18名小演员们每天下午进行两个小时的训练，压腿、弯腰这些基本的姿势是必不可少的，每一个眼神、每一个动作都要反复练上几百遍、上千遍。

【镜头】学生排练画面。

【采访】学生：我们很高兴能够代表即墨中小学生参加这次艺术盛会，我们一定刻苦训练，把我们的节目表演得精彩。

【解说】此次活动由薛艳老师负责，她和剧团的老师们除了每天下午两个小时的训练时间之外，还牺牲了休息时间，每天中午及双休日也都到校进行排练。

【镜头】老师带领学生训练的画面。

【采访】薛艳：孩子们训练得都很认真刻苦。

【解说】作为柳腔剧团的少儿培训基地，此次活动中，柳腔剧团给予了大力支持。从创作改编到音乐录制等一系列工作，全都做到精益求精，力求让即墨柳腔这一剧种通过实验四小的孩子们展现给全国的观众。

【镜头】剧团老师们录音、改编等。

【采访】张成林团长：柳腔是即墨的艺术瑰宝，是即墨的文化名片，多年来，我们柳腔剧团积极推广并大力支持让柳腔进校园，走进下一代，让我们的传统艺术得以更好的传承发展。这次实验四小柳腔小演员们能够代表即墨参加全国艺术展演，不但反映了我们在柳腔传承方面做出的成绩，而且能很好地把即墨柳腔这一即墨艺术瑰宝展示给全国人民。

【解说】柳腔传人袁玲、李修梅等老师坚持每天到学校对学生进行指导，她们从咬字吐字到手眼动作，从音乐编排到服装头饰，一遍一遍

地琢磨，一遍一遍地修改。袁玲老师几次都是带病来到学校进行排练，每次到青岛合排，她都是亲自带领学生走台站位，指导每一个动作每一个眼神。小演员们的演技得到很大提高，向全国的中小学生们展示出了原汁原味的即墨柳腔。

【镜头】袁玲、李修梅等老师在学校及体育馆指导学生。

【采访】袁玲：此次活动，虽然付出了艰苦的努力，但是眼看着实验四小孩子们在柳腔艺术上的巨大进步，我感到非常高兴。作为即墨柳腔传人，我觉得有义务把即墨柳腔传承下去，也有义务把即墨柳腔发扬光大。

【采访】王成广校长：多年来，学校致力于让全校每一个孩子都了解柳腔、热爱柳腔，进一步打造学校柳腔艺术特色品牌。更为可喜的是，柳腔剧目中蕴含的做人、做事的道理让学生通过读剧、看剧、编剧、演剧有了深刻的体会，学生的道德素质有了进一步提高。相信在各级领导的关怀和支持下，我们一定能够将柳腔这一艺术瑰宝发扬光大，为继承和弘扬即墨优秀传统文化做出应有的贡献！打造一所有"戏"的学校！

【镜头】班级学生学习柳腔等。

【解说】如今，市文广新局把柳腔从娃娃抓起，把柳腔教育推广到学校，并赋予它全新的时代内容，让传统剧种焕发出新的活力。让每一个孩子都了解家乡艺术，热爱本土文化，这必将对柳腔艺术的传承和发展起到积极的推动作用，为推动我市文化事业的繁荣发展做出贡献。

【镜头】学生各种演出。

【结束语】人生小天地，戏中大舞台。随着柳腔艺术在实验四小的传承与发展，不但让同学们加深了对民族传统艺术的认识，提高了对中华传统文化的理解和鉴赏能力。同时，即墨柳腔这一即墨艺术瑰宝也必将会在少年一代得到传承发扬与光大。

二、参加中国教育电视台《国学春晚》

2018 年 1 月 16 日，学校迎来了一位重量级的人物，他就是曾经执导过七次春晚的中央电视台导演赵安，他随行还带来了三位艺术导演。此行目的就是指导我们学校的柳腔节目参加中国教育电视台第二届《国学春晚》。

赵安导演在为小演员们讲解演出注意事项

此次入选的有两个节目，分别是二胡《谁不说俺家乡好》和柳腔表演唱《读唐诗》。这两个节目于 2017 年 12 月 21 日接到中国教育电视台的邀请函而排练的，1 月 12 日央视导演审查通过了初审。赵安一行看过节目后向全体参与活动的师生发表了讲话，对于节目表示非常满意，但是提出了更高的要求。

节目马上进入最后的冲刺排练中。每天，执行导演带领我们的老师、学生进行连续的排练，并且不断进行重新编排，细微到每一个动作、每一个眼神都要进行专业的训练，从中也体会到了导演们的严谨和敬业。演员们休息期间，导演便匆忙到校门外抽一根烟。我开玩笑地说：你们的烟瘾真大。两个导演说："没办法，工作强度大，压力也大，每天在

《国学春晚》师生合影

这里排练6个小时，晚上回去还要再研究存在问题及改进措施，实在是受不了就用烟来抗抗。"学生们表现得也非常优秀，有的学生脚磨起了水泡，有的晚上回家腿疼，但是没有一个叫苦叫累的。

最令人感动的是连续三次的全场排练，每次都是从下午到晚上11:00多才结束。所有人都耗在排练场地，晚饭简单吃一个盒饭。回到学校后家长都是在寒风中等候着学生的到来，但是没有一个家长提出怨言，都非常配合学校工作。

邀请函及相关报道

1月21日，进行了正式录制。演出获得了巨大的成功，2018年2月16日（大年初一）在中国教育电视台黄金时间播出了我校两个节目，这是我校第一次登上正式的央视舞台，向全国观众展现了即墨柳腔的魅力。

此次活动的参加，使学校柳腔工作整体上升了一个大的台阶，学生、老师在央视导演的指导下，整体素质得到了提升，教师对于学生柳腔的学习也有了新的认识。更重要的是上级各部门及家长和社会也认识到了学校柳腔工作的重要性，更有利于推动戏曲进校园的开展。

三、大放异彩的《新墙头记》

2018年，教体局要在中学生基地承担一个法制现场会，并要给现场来宾留下即墨特色的东西，一下子便想到了四小的柳腔，于是，录制一出跟法制有关的柳腔小品便提到了四小的议事日程。《墙头记》是一出传统戏，描写两个儿子不孝顺，把爹撮到墙头上，最后被压在墙下的故事。这正好是一出对学生孝亲敬老教育的优秀作品。于是马上行动起来，张成林团长亲自指挥，解本明副团长亲自指导，毛元桥老师作曲改

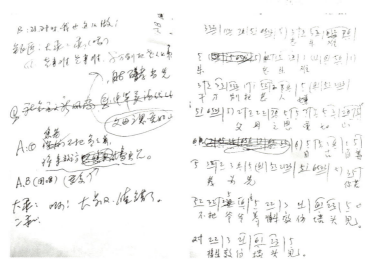

毛元桥、徐永刚老师《新墙头记》手稿

编，学校薛艳老师则每天中午加班排练，经过一个多月的努力，一出删减版的《墙头记》诞生了。演出得到了与会嘉宾的一致好评，认为这部戏既表演精彩，又对学生有很深的教育意义！当年，这部戏相继参加了即墨区艺术节、"我是即墨人"小品大赛等活动。

解本明团长在给学生们讲解《新墙头记》

2019 年 5 月，这出戏参加了山东省戏曲小梅花比赛，比赛当中暴露出了一些问题：面对来自全省的高手，无论在唱腔还是表演上，我们还是有一定差距的。专家评委还提出了更高的要求：不能只是照搬老戏，在新时代要有新的改编，让作品紧贴当代学生的思想。最后，评委仅仅给了一个全省的银奖，并给了一个月的时间，让我们回去打磨，以再次根据我们加工的情况确定是否推向全国。

回来后，张成林团长马上召集相关人员召开了会议，重新构思，重新编排。解本明团长、毛元桥、徐永刚、薛艳等老师和我在一起不停地讨论，不停地修改，力争既保留原剧的精华部分，又让腔调适合学生演唱，并且要升华为社会主义"尊老孝亲"的价值观。在改编过程中，发现这个传统剧本讲的是因果报应，两个不孝儿子被砸在墙下，意义不太适合小学生，于是我们进行了大胆的改编，整整三天，几易其稿，经过大家共同的努力，终于完成了剧本的初稿。创编出了一个孙女、一个孙子，增加了两个小演员。通过晚辈对长辈的启示，最后整个剧情转换为两个儿子痛改前非，孝敬老人的故事。然后，开始了密集的排练工作，在暑假近20天里，解本明团长和薛艳老师一天也没有休息，顶着高温，冒着酷暑，期间解团长患了重感冒，他一边吃着药，一边坚持排练，从学生的每一个眼神，每一个动作，细致指导，认真纠正，最后终于结出了硕果。

《新墙头记》表演现场

在张家港举行的全国小梅花比赛中，《新墙头记》一举夺得创新类最佳集体节目奖，并作为山东省唯一一个代表节目参加了庆祝中华人民共和国成立七十周年汇报演出。在即墨区庆祝教师节大会上，《新墙头记》成

小梅花全国比赛编排类最佳集体奖证书

为全场最精彩的节目，在青岛市艺术节比赛中获得一等奖，并参加了即墨区庆祝中华人民共和国成立七十周年文艺演出。在全区庆"六一"现场会上，这个节目给学生们上了一场生动的"尊老孝亲"课。活动后，语文老师组织学生开展了观《新墙头记》有感征文活动，有的同学在征文中写道：看了《新墙头记》，我一定在家里做一个尊敬老人的好孩子，不做墙头记中的大乖和二乖。通过这出戏的排演，不但让学生在艺术上得到了熏陶，更重要的是在思想道德方面得到了教育。

王洲锡（后排左一）、于钦泉（后排左三）、薛艳（后排左四）同参加比赛的学生合影

2020 年 9 月 24 日，参加省红梅大赛
（左起：王永贵、王安成、毛元桥、马幸民、徐永刚、孙云泽）

　　一次次活动的成功，离不开作曲和艺术指导毛元桥老师，他创作了
《读唐诗》等作品，并为《司马光砸缸》《新墙头记》编写音乐、重新
创作等。还有马幸民老师多次对剧目及音乐提出改进意见，音响师张昌
华及乐队的不断录制调试等。

　　四、留存记忆的节目单

　　学生每次活动，留存最多的是一幅幅照片，但是照片上多是一个个
人物或场景，再为横幅中的主题，记录较为详细的则是节目单。其中活
动主题、活动时间、地点、参加人物及各个流程等，特别是活动的名称、
形式、指导教师等都有详细记录。节目单形式不一，设计各样，有简单
到一张 A4 纸，有复杂到一本厚厚的小册子，有我们本校的一次小小的
活动，也有全国、央视等大型活动。所以，每次参加活动，我便有收集
节目单的习惯，时间长了便成了一本活动记录。

最简单的节目单

2013年6月1日，《赵美蓉观灯》参加"红领巾相约中国梦"即墨市教育体育局2013年"六一"儿童节文艺演出。这次活动没有华丽的节目单，就是用一张纸打印出来，这也是我们柳腔较早参加活动的一个记录。

2013年庆"六一"节目单

"五艺展"开幕式节目单

《国学春晚》节目单

场面最大的一张节目单

2016 年 4 月 11 日,《花灯记》参加全国第五届中小学生艺术展演开幕式,这次活动主办方是教育部,在青岛国信体育场举行,有全国各地的中小学生数千人参加,这是记录参加档次最高、参加人数最多的一张节目单。

演出阵容最豪华的一张节目单

2018 年 1 月 21 日,《读唐诗》参加"家国迎新"第二届《国学春晚》。这次活动演出阵容豪华,有多名艺术家同台。

最厚及获奖档次最高的节目单

2019 年 7 月,《新墙头记》到张家港参加第 23 届中国少儿戏曲小梅花荟萃比赛。这份节目单厚厚的几十页,上面有详细的活动介绍、流程、剧种简介,还有每个节目的剧照等。我校获得最佳集体节目奖。

小梅花荟萃节目单

五、戏曲班现象

戏曲进校园，目的是促进学生核心素养的提升，那么究竟有没有效果，有什么效果呢？我们最初都持一种谨慎态度。

2011 年，我校以探索的方式，在一个班里重点开展柳腔学习，当时的正班主任是孙丽君老师，副班主任是薛艳老师。每周从课程里面设置了两个下午共 4 节课，进行柳腔学习，并跟踪这个班级学生的整体情况。

很快，这个班级呈现出了不一样的状态，学生不但在戏曲学习上有很快的进步，而且在其他艺体类活动中成为学校的支柱。这个班级的学生参加了学校和上级的舞蹈、合唱等活动也表现突出，武术项目表演在市运动会开幕式上非常亮眼，在青岛市武术比赛中获得集体节目一等奖的好成绩。班级精神面貌也呈现了不一样的状态，放学路队成为最亮丽的一支队伍，学生身姿挺拔，气质不同。学校教师出公开课争相选择这个班级，因为他们在课堂上表现积极、思维活跃，学校其他有代表性的活动都少不了这个班级的学生。更为突出的是这个班级参加了大量的活动，影响了不少文化课的学习时间，但在学校抽测中却遥遥领先，每科成绩都是同级部最优。因此学校不得不修改教师评价办法，把这个班级单列，不与其他平行班级并列评比。我们后来的多批次戏曲班，同样在各个方面表现突出。从而我们认为小学生进行戏曲学习、戏曲活动，不但不影响正常的学习，而且对于提高学习成绩，提升学生核心素养，推动学生全面发展方面起到很好的促进作用。

此后我们大胆进行全校范围的戏曲进课堂，开展戏曲活动，以戏曲为一个撬动点，带动学生及学校整体面貌的提升。

六、校长论坛发言

学校自 2010 年柳腔进校园，先后经历了柳腔社团、柳腔课程、柳

时任刘广茫校长（后排中）为部分特长学生颁奖

腔与学生核心素养相融合几个过程，这同时也体现了在柳腔进校园过程中几任校长刘广茫、王成广、王波、刘翠玲带领学校不断探索、不断深入的几个阶段。由 2010 年将非遗柳腔引入校园到 2015 年将柳腔与各学科融合，到 2020 年提炼出"润"字校园文化，确立了"润泽心灵，幸福成长"的办学理念，促进学生全面发展，打造一所"有戏"的学校。下面就是学校的三个总结材料，从中可以看出我校多年来通过柳腔进校园，不断探索实践，实现教育突破的过程。

附：

让乡音、乡情、乡韵润泽孩子心灵

——实验四小打造柳腔课程育人特色

王成广

一、问题思考——寻求学校发展突破

我校创办于 1999 年，曾是一所寄宿制公办民助学校，2009 年改制为走读制划片招生学校。随着即墨城区向西南部和东部布局发展，我校所处的位置已不占优势。学生主要来源于村庄、周边企业、外来务工经商的小商小贩人员家庭，生活状态决定了家长对孩子引领和教育相对不足，学生表现为综合素质不高。随着几所新建实验小学的优质发展和多名优秀教师调离本校，老师们的自信心开始不足，工作干劲开始降低，学校工作整体水平开始下降。

怎么办？如何让师生建立自信、提升自我、绽放个性，如何给学校发展注入新的动力，提高教育质量？如何实现学校特色发展？我们一直在思考，寻找学校发展的突破点。

2013年6月，在即墨区中小学生艺术节比赛中，我校柳腔社团学生的表演唱《办年货》获得即墨区中小学戏曲类比赛一等奖。

我们眼前豁然一亮：戏剧小天地，人生大舞台！每出戏剧的剧情本身就是一个生动的教育案例：或是知晓人情事理，或是明辨是非善恶。即墨柳腔，被誉为"胶东之花"，2008年被列入国家级非物质文化遗产名录。文化部原部长、著名诗人贺敬之在观看即墨柳腔之后，曾即兴写下了"杯接田单饮老酒，醉人乡音听柳腔"的精彩诗句。乡音、乡情、乡韵，最易拨动人的心弦，产生深刻的共鸣。

我们组织学校班子成员、骨干教师多次讨论交流，我们认为：柳腔，在学校的"柳腔社团"是做得比较好，在即墨区、青岛市相关比赛中都获得了比较好的奖次。但柳腔不能仅限于社团活动，只让少数学生参与，应让更多学生参与。于是我们决定：开发柳腔校本课程，让柳腔走进课程，走进课堂，走进每一名学生。

二、课程开发——探索课程实施路径

（一）明确课程定位

荣获美国最佳教师奖的雷夫老师在他的第56号教室里，每年都把指导孩子排演莎士比亚剧作为一种重要的教育方法。著名教育家李振村认为："教育戏剧的本质，是运用戏剧元素，即运用情境、场景、情节、角色扮演、情感体验等元素，把情感价值观等教育价值传递给孩子，培养孩子的全人品质。"基于此，我校确立的柳腔校本课程的开发实施定位是：不是把学生培养成专业演员，而是以柳腔为载体，通过柳腔知识、表演技能的学习，通过柳腔剧的读、看、评、演，让柳腔润泽孩子心灵，对学生进行道德品质、文化素养、艺术审美、团结协作、创新实践等多方面素养的熏陶与教育，让教育变得生动而又温度！

在这一定位指导下，学校成立了柳腔校本课程开发实施领导小组，组织柳腔剧团相关专家、学校分管校长、艺体主任和音乐教师共同制定学校柳腔校本课程发展规划。同时，将该发展规划纳入学校发展规划和年度工作计划，进行统筹安排，使其切实融入学校教育教学工作当中。2015年即墨柳腔剧团在我校成立了柳腔少儿培训基地，为柳腔课程的实施提供了保障。

（二）课程的编制与实施

精心选择有育人价值的柳腔剧目，打造系列主题柳腔课程。柳腔中

学生参加全国第五届艺术展演时王成广校长（中）接受采访

很多经典剧目蕴含着丰富的教育价值，根据柳腔剧目、学生实际和时代要求，我们打造了自立自强、孝亲敬老、诚实守信、机智勇敢四大主题，如自立自强主题，代表剧目是《状元与乞丐》，主要内容是丁氏兄弟家各生了一个儿子，他们的舅爷自命精通算卜，就断定一个是乞丐命，一个是状元命。乞丐命儿子的母亲不信天命，在逆境中立志教子成材。而状元命儿子的父母迷信天命，纵子无度，娇惯溺爱，最后落得家破子毁的下场。孝亲敬老主题，代表剧目是《墙头记》，主要内容是年近八旬的张木匠两儿不孝，两媳不贤，张木匠遭百般虐待，甚至被放在墙头上，处境艰难，老朋友王银匠弄清原委，以其父藏有防老之银为由，诱使两个儿子争相待奉，最后墙倒被压，受到惩罚的故事。诚实守信主题，代表剧目是现代剧《家风》，《家风》是2014年青岛市文化局重点扶持的剧目。主要内容是以即墨女孩马俊俊信守承诺替夫还债等故事为背景，演绎了诚信无价的感人故事。机智勇敢主题，代表剧目是我校改编创作的《司马光砸缸》。

根据柳腔特点和学生实际，我们确立了一课一戏、一课一知、一课一练的课程模式，即一课演唱一出戏的片段，一课学习一个戏剧知识，一课掌握一项戏剧技能。

在课程实施过程中，我们以柳腔为纽带，推进各学科的融合，各学科每学期都有柳腔学习的课时和内容。音乐课学习柳腔专业知识，欣赏、演唱柳腔片段，舞蹈课学习柳腔的手、眼、身、法、步等舞蹈动作，美术课学习化妆、绘制脸谱、设计服饰内容；语文课学习柳腔台词念白、故事情节、人物特点、思想品质的总结归纳；体育课学习柳腔的一些武场表演动作；品社课学习一些有教育意义的柳腔剧的故事，等等。

学校每学期组织开展考核达标活动，评选表彰优秀学生，授予学校"戏剧小达人"荣誉称号，并颁发喜报及证书等。同时，学校每年举办校园戏剧节，通过柳腔汇报展示、名家名段赏析、戏剧知识竞答等形式，激发学生"学柳腔、爱柳腔"的热情。

学校定期邀请柳腔剧团进学校演出，把一些优秀剧目展示给学生，同时学校努力创造机会，让学生走出课堂，走出校园，积极锻炼实践。学校定期组织学生走进剧团观看演出，与剧团叔叔阿姨交流，了解柳腔背后的故事；定期组织学生走进敬老院、走进社区挖掘柳腔素材，编写柳腔剧本，演出柳腔故事。

针对教师专业水平不高、实践经验不足等短板，我们建立"请进来、走出去"的师资队伍建设机制，定期聘请青岛歌舞剧院、青岛艺术研究院的戏剧专家及即墨柳腔剧团国家级柳腔传承人袁玲等专业人员到校上课、讲座，传经送宝，学校每周安排教师到剧团学习，提高业务水平。

三、实施效果——提高学校育人质量

（一）柳腔课程的开发实施，为学生提供了发展特长、展示自我的舞台，学生体验了成功，增强了自信，绽放了个性

学生参加了近百场汇报展示、比赛活动，在活动中体验了成功，增强了自信，绽放了个性。2016年4月，我校学生参加了第五届全国中小学生艺术展演开幕式，12月600余名学生在即墨市民文化中心举行了"梨园润童心"柳腔专场展示。2017年6月，我校学生柳腔《诵唐诗》获得青岛市第二届中小学生"学国学 诵经典 传美德"大赛一等奖第一名。2018年1月，柳腔表演唱《读唐诗》参加中国教育电视台举办的"家国迎新——第二届国学春晚"录制，并于正月初一在中国教育电视台播出。2019年5月，学生排演的柳腔剧《新墙头记》被青岛市推荐参加代表少儿戏曲最高水平的全国小梅花奖比赛获得省银奖，并于7月17日至22日在江苏省张家港市参加全国小梅花奖比赛，获最佳集体节目奖，并作为13个单独成果展示节目之一，参加了"梅花蓓蕾向阳开"

向新中国献礼汇报演出，这是山东省唯一一个入选参加会演的节目！

（二）学生通过对家乡柳腔的学习，逐步升华为对家乡的情怀关爱和家乡文化的自觉传承，在内心扎下了乡土文化的根

在即墨古城首届民谣节上，学校举行了"乡音伴古城，梨园润童心"柳腔专场展示，学校制作的微信邀请函有 5000 余人予以关注，有近 2000 名观众现场观看，引起强烈反响。学校每年定期组织学生观看柳腔剧、举行班级柳腔剧比赛等，如上学期学校举行了"梨园润童心"艺术节戏曲专场比赛活动，该活动从准备到结束历时 2 个月，全校 29 个班级全员参与。学生通过对家乡柳腔的学习，逐步升华为对家乡的情怀关爱和家乡文化的自觉传承，在内心扎下了乡土文化的根。

（三）以柳腔为媒，学校柳腔特色鲜明，教师自信心增强，学校的社会知名度和美誉度不断提高

2018 年 5 月我校《即墨柳腔》被评为青岛市精品课程。2019 年 1 月在山东省第六届中小学生艺术展演活动中案例《让乡音、乡韵、乡情润泽孩子心灵》、校园剧《司马光砸缸》获省一等奖。2019 年 6 月《新墙头记》获小梅花全国比赛编排类最佳集体奖。由教育部发展研究中心、青岛市教育局联合主办的"STEAM 教育与学校课程建设"学术论坛上，我校也做了典型发言，相关经验发表在山东省教育厅主办的《现代教育》上。中国教育电视台《非遗中国》、山东电视台《山东新闻》曾播出我校传承学习即墨柳腔的心得体会。2019 年 6 月 21 日，中国政府网、新华网等以图片新闻的形式，以《"十个一"特色课程伴学生成长》为标题报道刊发了我校传承柳腔艺术的图片新闻，截至 27 日，浏览量近70 万，《学习强国》《南阳日报》《海南日报》《唐山日报》等多家媒体进行了转载。学校柳腔特色鲜明，教师自信心增强，学校的社会知名度和美誉度不断提高。

四、文化引领——提升学校精气神

随风潜入夜，润物细无声。柳腔特色的成功打造，得益于我们的一个核心理念，那就是"梨园润童心"！"润"讲求内化，用熏陶、体验、参与的方式走进心灵，打动人心，润泽心灵！多年以来，四小一直在琢磨提炼自己的文化品牌，使之能内化于心，外化于行，以更好地践行于行。"梨园润童心"柳腔特色的打造，让我们眼前再次豁然一亮：通过"梨园润童心"柳腔特色的打造，"润"字已走进了老师们和学生们的心中，我们何不以"润"字为核心来形成自己的文化品牌。于是我们召开了多轮干部会、教师会确定了以"润泽心灵，立德树人"为核心理念的"润心教育"学校文化品牌，该品牌解读为：学生如正在成长的小树，每一个都如此不同，每一个都如此重要！他们需要老师们春风化雨、润泽心灵、立德树人，才能长成更加枝繁叶茂的参天大树！办学愿景：打造一所走进师生心灵、促进师生主动成长的润人教育学校。办学目标：把学生培养成为胸怀祖国、放眼世界的自信向上顽强拼搏的祖国建设者和接班人。办学理念：润泽心灵，立德树人。校训：加油，我很重要！教风：润心灵，共成长。学风：我努力，我能行！并通过公开招标选择了质量过硬文化设计制作公司在学校教学楼一楼大厅进行上墙设计制作，取得了不错的效果。学校引导老师们把"润心教育"的核心理念"润泽心灵，立德树人"运用到日常教育教学中，智慧育人，享受育人的快乐，师生的精神面貌有了很大的改变，学校的精气神一下子提升了不少……

我校通过这几年的柳腔课程的开发实施，走出了一条从柳腔社团活动到柳腔课程发展到柳腔课程育人到柳腔文化引领学校发展的特色发展之路。今后我们将进一步创新工作思路，努力走实学校柳腔特色育人之路，将学校教育教学工作做得有滋有味、精彩纷呈！

2019 年 7 月

润泽心灵 幸福成长

努力打造一所"精而美，润而雅"的学校

王　波

我校原是寄宿学校，2014 年转为全日制走读学校。学校干部及教师团结上进，吃苦能干，学生及家长比较朴实，通过多年干部教师的共同努力，取得了一定的成绩，形成了"梨园润童心"艺术品牌。但也存在着学校场地小、空间窄、无操场、主教学楼设施陈旧等问题。

这样一所学校，如何做好传承、守正与创新，通过办学理念的带动，校园文化的引领，办学方式的转变来突破自我、塑造自我，推进学校更加全面的发展，成为学校领导班子一直思考的问题。

2021 年学校柳腔《花灯记》参加了省美育研讨会。通过多年的柳腔进校园，"梨园润童心"艺术品牌已经成为四小的一张名片，其中的"润"字让我们深受启发，基于此，我们采取了亮特色、补短板、求创新的策略，进一步完善学校核心文化，确立了"润泽心灵，幸福成长"核心理念。以"润德、润智、润体、润美、润心、润行"为目标。

逐步探索构建"润泽"教育的六大体系：一是精神滋润，管理玉润——提升管理智慧；二是教师慧润，课题研润——积淀教育智慧；三是文化浸润，课程丰润——开发智慧课程；四是课堂涵润，探究悟润——构建智慧课堂；五是德育温润，活动养润——润育智慧学生；六是家校合润，家长殷润——培育智慧家长。构建了我们的六大行动策略：面向每一个人，相信每一个人，珍惜每一个人，鼓励每一个人，成就每一个人，幸福每一个人。

一、文化润心，精神浸润

我觉得校长有三个使命：

一是理念先行，建立建章立制与团队和谐的学校发展机制。

我们广泛征求老师意见，建章立制，修订完善《优秀教研组考核细则》《优秀团队评比办法》《教职工量化积分方案》，加大团队建设元素的评价，用制度来调控团队建设，通过"主题、主流、主体"抓"人和"，通过"合力、合作、和谐"抓质量，以此提升学校的凝聚力和自信力，促进学校的全面发展。在学校教育理念的引领下，学校教师之间、师生之间、家校之间温情和睦，友爱、教化、帮扶成为主要沟通形式。

二是目标引领，建立个人成长与团队共进的发展目标。

激发每一个人的成长愿望和对教育的责任心，让教师感到有奔头，倡导科学化、自动化、自主化。搭建开放的、支持性的平台，让不同的想法充分交融，让每一个人拥有创造的空间，让教师感到有干劲。我们提出"让学校发展得更加响亮"的发展理念，组织干部论坛、教师论坛、学生论坛。强化干部"我管我做我负责"，教师"我教我管我负责"和学生"我学我管我负责"的主体意识和责任意识，以此提高学校的管理效能。

三是文化提升，建立个人幸福与团队归属的共同价值观。

学校在各种活动中努力增强教师的参与感及主人翁意识，如让老师们积极对学校发展规划建言献策，广泛征求校园文化设计思路等等，力求让每一个人都充满着创造的活力，寻找到个人存在的幸福感。学校营造舒心温暖的工作环境和平等和谐的团队工作风气，让教师在集体中感受到自身价值的存在并感到幸福。铺设地板，安装隔断，让老师温馨就餐；更换暖气，让老师温暖午休；一把养生壶，一棵小盆栽，一句温馨语，一包小抽纸，一次小座谈，一次小祝福，在一次次小活动中，让老师得到充分尊重，有"在校如家"的感受，于无声中润化精神。

学校先后涌现了担任班主任 30 年，待孩子如母亲的青岛市最美教师张欣；多年加班加点，弘扬传统文化即墨柳腔的即墨最美教师薛艳；带病坚持在教学一线，始终不给孩子耽误一节课的即墨最美教师鲁玉芬；坚持弘扬国学，在关键时刻挽救孩子生命的即墨最美教师房淑华等优秀教师。

二、品德养润，习惯滋润

学生是学校发展的核心。小学阶段，应该为让学生拥有健康的体魄，浓厚的学习兴趣和终身受用的基本习惯打好基础。

为此，我们提出了这样一种质量目标，即"身体棒，懂规矩，有灵性，有爱心"，以"感恩培情·德润童心"德育活动为载体，围绕"多彩四小，温润而泽"的感恩教育主题，做到"月月有主题，周周有活动，天天有进步"，把学生良好习惯的养成教育同日常学习生活结合在一起。

举行"行得正，坐得端，做新时代好队员"队列队形比赛等丰富多彩的活动。开展"我爱我家"美化环境，养护花草活动，每位同学从家中带来绿植，放在教室窗台上、收纳柜上、走廊窗台上等地方，并亲自制作标签，写上花的名称、特点、习性等，并署上自己的姓名，天天进行养护，教室内外生意盎然，学生在养护花草的过程中培养美化环境，热爱自然，珍惜绿色的好品质。绿色养润了环境，同样涵润了学生对自然对生命的热爱。

三、课堂涵润，探究悟润

（一）研训一体，提升教师专业素养

建立"以校为本，研训一体"的教研模式，把教研、培训、继续教育和课堂实践有机结合，增强了一体化意识，锻炼和培养了一批骨干教师，提升了教师队伍的整体素质，有效推进了课堂教学革命。

开展了"强化专业能力，提升教学水平"专题研讨活动，明确各项常规要求，落实各个环节，规范集体备课行为，提出了"骨干带头、深研课标、精准备课、提高实效"的策略。"深入解读教材,加强单元统整"集体备课、"作业布置"研究、"有效命题"探究、"学困生转化"策略研究等活动,从小处细处入手,发挥集体智慧,共同提升教学专业能力。

（二）梯级演练,引导团队能力提升

一是通过开展"蓝青工程",为11名新岗教师分别推选了学科教学师傅和班主任师傅,以老带新,促进新教师尽快转换角色,也为新老教师们搭建了相互切磋、相互学习、共同发展的平台。二是实施"名师工程",顾文青、王洲锡两位老师担任区名师工作室主持人,多位老师为区名师工作室成员。工作室通过不同形式的研训方式充分发挥名师、学科带头人辐射作用。三是分层开展青年教师展示课、骨干教师示范课、资深教师经验传授课等不同形式的教研课,小步快跑,促进教师梯级团队进行智慧分享。

（三）以赛代训——为教师成长搭舞台

学校开展以课堂教学为主的系列比赛,如模拟讲课比赛、书法技能大赛、课堂教学比赛等,以赛代训,调动老师直面课改、聚焦课堂、研究教学主动性;构筑平台展示教研实力,展示老师教学才华,展示学校课改教研结果。经过活动,使老师深入明确课改理念,明确课堂教学目标及达成目标路径、方法、理论依据,提升老师综合素质;发觉和培养优异老师,形成骨干老师;使老师比赛活动中相互交流、相互学习、取长补短、共同提升,从而产生"共生效应",促进老师素质整体优化和教育教学质量整体提升。

（四）课题研究,搭建教师转型桥梁

树立"问题即课题""教学即研究""成长即成果"的意识,引领老师以"课题"为载体进行研训。调动老师直面课改、聚焦课堂、研究

教学主动性。上半年，连续组织四场区级教研活动，开展语文、数学、英语等六科集体教学研讨，实验四小教育集团送课、共同磨课等活动，下半年，我校有1个青岛市规划课题，3个即墨区规划课题成功立项。2名教师被评为青岛市教学能手，2名教师出示青岛市公开课，5名教师在即墨区优质课比赛中获一等奖。

四、艺术养润，体美合润

学校广泛开展形式多样的艺术体育社团活动，每位学生至少会一门艺术，会两项以上体育锻炼技能。充分利用课后托管等时间，在减负的同时增加学生艺术体育活动，歌声笑语每天回荡在校园里。

在即墨区中小学生艺术节比赛中，我校获得舞蹈、戏剧、器乐比赛一等奖，在5月份山东省美育工作研讨会上，儿童画作品《高歌一曲唱祖国》代表即墨区参加了现场书画展，我区共有3幅作品入选。在青岛市建党100周年书画大赛中，我区有11幅绘画作品荣获一等奖，我校就有六幅作品。在今年青岛市第五届运动会中，我校举重队获得三金、三银、四铜的好成绩。

我们特别是对"梨园润童心"这一品牌进行了再挖掘，与学生核心素养的培养相结合，与学校整体的教育教学相结合，在传承中创新，把特色做大做强做亮。

（一）提升柳腔进校园的层次

改变柳腔进校园仅仅是弘扬传统文化的单一目的，分别从课程目标、课程内容、课程开展方式上确立了柳腔课程开设的三个"五三三"方向。通过柳腔知识、语言语调和表演技能学习，柳腔经典剧目的剧本阅读、演出观看、剧目排演，学校进一步打造柳腔校园文化、加强柳腔课程的设置及学科之间的融合，力求将柳腔作为培养学生核心素养的一个媒介，促进学生成长。

课程目标：五项素养（学生：道德品质、文化素养、艺术审美、团结协作、创新实践）；三项素质（教师：道德、业务、协作）；三个提升（校园文化、学校影响力、传统文化传播力）。

课程内容：五项内容（读、听、唱、演、创）；三个梯度（感知、表演、创编）；三方资源（吸收传统、改编现代、自己编创）。

课程开展方式：五门课程（融合语文、音乐、美术、体育、综合实践）；三个学段（低、中、高）；三种评价（考核、展示、社会实践）。

例如在教学内容方面，我们选取了阅读剧本、聆听唱腔、表演片段、绘画脸谱、创编故事等内容，并按照低、中、高三个学段分别进行初步感知、模仿表演、创编戏曲故事等三个梯度来进行，吸收传统经典、改编现代戏、根据儿童故事自己改编戏曲等。

（二）编辑出版柳腔校本教材

学校组织编创了丰富多彩的柳腔学习资源，吸收传统戏曲中的优秀经典剧目，采纳现代改编的弘扬正能量的剧目，重新编排改编新剧目，学校柳腔课程有40余个剧目。2021年1月，由中国海洋大学出版社出版了《即墨柳腔》校本教材。

（三）打造学校大戏剧教育体系

学校今年举办了戏剧节，班班参与、人人参与，通过有教育价值的柳腔经典剧目的排演，对学生进行各方面素养的熏陶与浸润。同时，将戏曲进校园与学校教育各个方面有机结合，打造一所大戏剧教育的"有戏"学校。

例如在英语模仿秀活动中，在创编英文《花木兰》的基础上，将其融入戏曲元素，将语言改编成英文，取得了意想不到的效果。最终在即墨区英语模仿秀比赛中获得一等奖的好成绩。在学校大劳动教育的教学过程中，把学生日常生活的劳动内容改编成唱词，在唱柳腔的过程中潜

移默化地受到热爱劳动的教育。

在区教师风采大赛中，改编柳腔版《再唱山歌给党听》，歌颂即墨教育和学校教师的新面貌，在整个比赛及准备的过程中，老师们学习了化妆、表演，乐于参与，敢于参与，进一步领会学习中华传统文化的博大精深，体会地方非物质文化遗产的魅力，增强了教师的凝聚力，提高了教师的艺术素养，也体会到成功的喜悦，从而体验到自己学校的归属感。

新的一年，我们将携手努力，打造一所走进师生心灵、促进师生主动成长的"精而美，润而雅"的学校。

2021 年 7 月

办一所"有戏"的学校

王 波

王波校长在区开题现场会上发言

中华优秀传统文化是中华民族的精神命脉，戏曲是表现和传承中华优秀传统文化的重要载体。即墨柳腔，有"胶东之花"的美誉，2008 年被评为国家级非物质文化遗产。

2010 年，即墨柳腔走进我校，至今共历经了四个发展阶段：2010 年进社团，2013 年进音乐课堂，2015 年与学科融合， 2020 年至今基于提升学生核心素养的大戏曲教育。12年中，学生多次登上全国、省市舞台，获得过全国小梅花金奖等诸多荣誉，"梨园润童心"已经成为学校的一张特色名片。

成绩的取得，有国家层面政策上的大力支持，同时我们也深刻剖析了我校戏曲教育做得有声有色的原因。

一是"学校要发展，激发教师内生动力是关键"。教师不专业，但是学校激励教师对此项工作的热爱，教师对教学感到"有戏"，所以持之以恒地做。

二是"学校要发展，遵循学生成长规律是根本"。学生没有基础，但是学校激发学生的兴趣，学生感到学习生活"有戏"，所以不断释放自身的潜力。

由现象到思想，由思想到行动是学校领导团队的必备能力。我们对戏曲中多元育人价值进行了深度的挖掘，拓宽学生成长的戏路，以核心素养为戏眼，以柳腔课程为支撑，构建大戏剧教育体系，为每一个孩子搭建适合自己成长的舞台，从而成就一所"有戏"的学校。

一、课程搭台，"唱"好学科融合戏

课程是学校教育的核心，我们经过了不断的探索与尝试，把柳腔学习最终落到柳腔课程这个着力点，形成了以提升学生文化知识、艺术审美、实践协作等核心素养为目标，从课程目标、课程内容、课程实施评价三要素入手，融合德、智、体、美、劳等多学科的"五、三、三"课程体系。

1.确立了明晰的课程目标。

教育家李振村认为："教育戏剧的本质，是运用戏剧中情境、场景、情节、角色扮演、情感体验等元素，把情感价值观等教育价值传递给孩子，培养孩子的全人品质。"这也是柳腔学习的目标追求。即将地方戏曲的学习与学生"核心素养"的提升结合起来，并带动教师、学校整体

的发展。

2.构建了丰富的课程内容。

戏曲是把传统的音乐、舞蹈、美术、文学、语言、武术等融合在一起的一种综合表演形式，我们从柳腔的思想、教化、剧本、台词、唱腔、表演、化妆、服饰等元素中提炼出"读、听、唱、演、画、做"等培养技能作为学习内容。

学习资源上选编经典传统剧目，删减具有时代特色的现代剧目，创编《司马光砸缸》《夸夸四小我的家》等新作品。

学习梯度上，根据小学生特点，将其分为低、中、高三个年级段。低年级以了解、感知为主，了解柳腔的起源、历史传承、基本行当角色、基本唱腔特点，学习简单的脸谱绘画知识；中年级以学唱、模仿为主，学习经典唱段，做戏曲粘贴画、十字绣、葫芦画及戏曲化妆；高年级以表演、创编为主，主要研读剧本或自己搜集材料改编剧本，相互合作进行柳腔剧的创作表演。

3.融合了多学科的课程实施评价。

课程目标的转变及内容的丰富带来了课程实施方式的重构，我们借鉴 STEAM 教育的理念，把柳腔中的育人元素打破学科界限，分别与道德、语文、音乐、美术、体育等学科进行融合，建立了柳腔大校本课程体系。以柳腔剧《新墙头记》为例，此剧讲述的是两个儿子不孝，把老父亲撮到墙头上，最后受到惩罚的故事。我们在道德课上读剧、听剧，进行传统孝道的教育；在语文课上读剧、编剧，体悟语言文字；音乐课上唱剧、演剧学习表演；美术课上学习角色的化妆、脸谱、服饰等进行审美教育。

另外，我们还在综合实践课中研究柳腔的起源、发展、现状；在英语模仿秀中，运用戏曲的唱腔、服装、道具、表演手法等元素用英文进行表演；在柳腔多学科融合教学中，教师 STEAM 教育理念也得到进一步深入。

二、专家补台，念好专业提升戏

戏曲专业性高，校内师资不足，学校便聘请知名专家、柳腔剧团专业教师等定期到校指导，定期请青岛京剧院、柳腔剧团等院团进校演出。五届央视春晚导演赵安、国家级非遗传人袁玲、青岛京剧院院长巩发义等专家先后到学校指导。每年柳腔剧团进校园演出，学校师生全体参加，剧团老师们带领同学们听、演、讲、练，学生们近距离地感受戏曲的魅力，开拓了眼界，提高了师生的欣赏表演水平。

三、校内上台，做好全员参与戏

学校利用早晨到校时间、升旗仪式、少先队活动等机会，为学生搭建展示的舞台。每年的校园戏曲节和元旦汇报演出已经成为全校师生的一个大聚会，师生全员参与，学校在小礼堂设立主会场，各班设立分会场。宗旨是让人人参与，人人享有戏曲艺术，人人享有登上舞台展示自我的快乐。2020 年元旦，全校有 500 余人参加主会场演出，分会场全体参与，并采用了向家长和社会直播的形式，演出当天观看直播的就达到 16 万人次。

四、校外登台，打好精品展示戏

活动的全员参与带动了一批精品走出校园，登上更大的舞台。同学们走进敬老院、社区等场所进行公益活动，走进剧团、古城参加社会实践活动，参加小梅花比赛，参加电视台演出，到乡村小学与小伙伴联欢。通过一系列活动，同学们勇于参与、乐于参与，展示自我，开阔了学生的视野，增强了实践探索的能力，培养了团结协作、活泼阳光的品质。

12 年的探索与实践，柳腔教育使学生和教师产生了源源不断的内

生动力，并带动学校各项工作的开展。

小戏曲，大舞台，戏曲的发展使学校的教育生态得到不断优化，我们不断地发现自我，突破自我，让"有戏"的教育，成就"有戏"的人生，创造"有戏"的世界。

2023 年 2 月

刘翠玲校长与参加演出师生合影

国家级非物质文化遗产

第四章　柳腔进校园历程

柳腔进校园历程

　　自 2010 年至今，柳腔进校园已经有 10 余年了，回顾这 10 余年，参加了大大小小活动上百次，获得奖励几十次，各级媒体报道几十次。这其中有坚持不懈的追寻，有踔厉奋发的汗水，有激动不已的收获，也有令人反思的遗憾。每一个时间节点的回顾都印证着四小人每一步的工作及印迹，希望通过这种回顾的方式，对同行及师友以启示。

　　2010 年，柳腔走进实验四小，以社团的形式进行。

　　最初来的是刘爱廷等几位老剧团演员，他们给音乐社团的同学们拉一段四胡，表演一段唱腔，让孩子们了解柳腔。2011年 10 月，在原柳腔剧团于正建团长的推动下，实验四小柳腔社团正式成立了，姜秋芝、李修梅等剧

姜秋芝老师在指导学生

团老师陆续到校给学生指导，他们认真、执着，有着丰富的教学经验和柳腔情结，在他们的指导下，实验四小的柳腔在起步阶段就打下了坚实的基础。

　　2012 年 7 月 11 日，《赵美蓉观灯》参加即墨市世界人口日活动。

　　学校柳腔进校园一年多，学生已经能够很好地表演《赵美蓉观灯》，这是柳腔中的一个经典剧目，朗朗上口，词句优美，且家喻户晓。剧

团老师让 8 名小同学在前面扮演赵美蓉，手拿折扇，边唱边演，后面有 10 余名同学拿着灯笼进行表演，节目深受孩子们的喜爱。

2012 年 12 月，中国教育电视台《非遗中国》录制柳腔进校园。

中国教育电视台播出画面

2013 年 5 月，柳腔表演唱《办年货》参加即墨市艺术节。

我们在前期柳腔进校园积累的基础上，从经典柳腔剧目中进行挑选，想通过戏曲表演这样的形式，着力打造一

学生参加即墨市艺术节

个节目参加市艺术节比赛。2013 年春，在剧团老师的指导下，我们选取了《办年货》这个节目，节目采用表演唱的形式，表现了几个大嫂在改革开放后，过上了幸福的生活，在年前大集上置办年货的故事。我们就安排 6 位女同学，每人挎着一个篮子，穿着民族服装，用柳腔的音乐

伴奏进行表演。这是柳腔用接近校园剧的形式首次亮相，几个小同学的表演和演唱都比较到位，当时的柳腔表演形式及小学生的传唱给人以耳目一新的感觉，获得了二等奖的好成绩。但是在编排及表演中也出现了一些问题，如完全照搬戏曲原版，把唱段中"汉子""老婆"等语言照搬进了学生的表演中，另外在表演动作及舞台调度中也呈现出成人化的现象。这些问题引起了教体局分管领导的注意，也引起了学校老师的重视，并考虑对经典唱段进行必要的改进。

参加庆"六一"文艺演出

2013年6月1日,《观灯》参加庆"六一"文艺演出。

2013 年 6 月 8 日，柳腔表演唱《赵美蓉观灯》在青岛五四广场参加青岛市第八个非物质文化遗产日展演。这是学生首次走出即墨，在青岛这个舞台上展现柳腔的魅力。

参加青岛市非物质文化遗产日展演

2013 年 9 月 13 日，《赵美蓉观灯》参加即墨电视台演出。

参加即墨市电视台演出

2014 年 1 月，《赵美蓉观灯》参加即墨 2014 年少儿春晚。

参加即墨少儿春晚

　　为了这次少儿春晚，我们首次购买了戏曲服装，从网上精心挑选了四种颜色的小生服装，让戏曲和学生的现代生活相贴近，让文化传承和舞台演出相结合，取得了较好的演出效果。

2014 年，柳腔开始走进音乐课堂，同时把武术教学与戏曲中的武打相结合，戏曲课与体育课相融合。

戏曲音乐课　　　　　　　　　　　戏曲武术课

2014 年 6 月，即墨电视台以《弘扬传统文化，回归教育本真》为题报道我校戏曲进校园。

即墨电视台播出画面

2014 年 9 月，《拾玉镯》参加即墨市戏王大赛决赛。

《拾玉镯》本来是日常学生练习戏曲基本功的一个曲目，学生们都非常喜欢。尤其是喂鸡、缝衣、开门等动作情景，学生们都模仿得

学生表演《拾玉镯》

惟妙惟肖。后来我们把这个练习作为一个演出曲目搬上了舞台，受到了观众的好评。这也启发了我们：恰当地选材及编排训练内容可以让学生对枯燥的戏曲基本功练习产生兴趣。

2014 年 12 月，《赵美蓉观灯》参加青岛市戏王比赛并获得优秀表演奖。

参加青岛市戏王比赛

2014 年 12 月，山东卫视《山东新闻》以《即墨：让传统柳腔焕发时代活力》为题播出我校柳腔进课堂。

山东卫视播出画面

2015 年 1 月，柳腔少儿培训基地在我校成立。

衣立渊（右）、孙俭习为培训基地揭牌

2015 年 2 月 6 日，《新观灯》参加"幸福即墨、和谐家园"即墨电视台春节晚会。

参加即墨电视台春节晚会

2015年3月5日，《新观灯》参加"幸福欢歌"元宵节民舞踩街活动。

参加元宵节踩街活动

2015年4月，即墨电视台以《弘扬传统文化，传承柳腔艺术》为题播放柳腔进校园。

即墨电视台播出画面

2015 年 6 月 13 日，第十个非物质文化遗产日，我们在非遗产业园表演《赵美蓉观灯》。学生们在表演前参观了非遗产业园中的各种非遗展览，对于非遗文化有了形象的认识，还受到了时任市委、市政府、文化局等领导的接见。

参加演出的小演员

学生演出后和领导合影

2015 年 8 月，参加《美丽即墨、醉人柳腔》2015 年柳腔艺术大赛。

比赛现场

2015年10月，柳腔表演唱《夸夸四小我的家》参加了即墨市首届诗歌朗诵会。这是首次运用嫁接的方法，即用柳腔传统唱段的唱腔，薛艳、赵春学等老师编写唱词，取得了很好的演出效果，同时也拓宽了我们的学习思路。

诗歌诵读会表演现场

2015年10月28日，柳腔课本剧《司马光砸缸》参加青岛市第三届戏剧节开幕式。

这次开幕式全青岛市共精选了5个节目进行展示，时任青岛市教育局副局长王铨、青岛戏剧艺术研究院院长迟涛等领导参加了会议。与会领导与观众对四小多年来在柳腔戏曲艺术的传承与发展工作给予了肯定，特别是对该剧运用传统手段并融入现代元素的改编创新及表演给予了很高的评价。

学生表演《司马光砸缸》

2016 年 1 月 6 日，柳腔课本剧《司马光砸缸》参加青岛市 2015 年中小学生艺术教育成果汇报演出。

汇报演出现场

2016年1月，柳腔表演唱《唱唱即墨新气象》参加即墨少儿春节晚会。

学生参加即墨少儿春节晚会

2016年1月20日，柳腔戏曲电影《牛》开机仪式在即墨市鳌山卫街道孙家白庙村举行，这是我市首次把柳腔搬到电影银幕。

柳腔戏曲电影《牛》，是根据2013年度"德耀即墨"道德模范人物杨建哲的事迹加工创作而成，作品通过一位朴实农村妇女的善良和坚守，展现即墨市近年来精神文明创建的良好成果，同时用柳腔打造即墨的地方文化名片。

柳腔电影《牛》截图

学生房正在电影中饰演儿子一角

我校房正参加了电影的录制，房正在《司马光砸缸》中饰演司马光一角，受到了观众的好评。他这次在剧中饰演主人公的儿子。

时值隆冬，又是在室外演出，但他克服了很多困难，反复练习，演出大方自然，表演生动真实，取得了很好的效果，也为我校的柳腔进校园起到了很大的推动作用。在此片的播映中，学生们也从中受到诚实守信良好道德品质的教育。

2016年2月22日，柳腔表演唱《唱唱即墨新气象》参加元宵节踩街活动。

学生参加元宵节踩街活动

2016 年 4 月 11 日，《花灯记》参加"阳光下成长"第五届全国中小学生艺术展演开幕式。

《花灯记》表演现场

2016 年 4 月 15 日，《新观灯》参加第二届中国大学生微电影创作大赛颁奖典礼。

学生演出前合影

　　2016年5月，山东电视台少儿频道《铿锵校园行》以《传统柳腔，让学生记住乡愁》为题采访报道了我校柳腔进校园。

山东电视台播出画面

　　2016年9月20日，《观灯》参加"唱响即墨"颁奖盛典。

学生演出现场

2016 年 11 月，《林教头风雪山神庙》参加青岛市中小学生戏剧节闭幕式，荣获青岛市戏剧比赛二等奖，并参加山东省戏剧比赛。

青岛市戏剧比赛现场

这个节目主要难点在于戏曲武打的设计，这得力于学校多年武术进校园及戏曲与武术的融合。所以在排练过程中对于其中的武打动作等能够较快地掌握，这也是对于柳腔进校园的一个探索尝试。小柳腔演员也在多次武术比赛中获得青岛市集体项目一等奖、即墨区团体一等奖等好成绩。

学生演出中表演戏曲武打

2016 年 11 月和 2019 年 8 月，我校柳腔社团两次被评为青岛市艺术团。

青岛市艺术团文件

2016 年 12 月 16 日，青岛电视台《校园情报站》栏目采访报道了我校柳腔进校园成果。

青岛电视台播出画面

2016 年 12 月 22 日，《花灯记》参加青岛市中小学生艺术教育成果汇报演出。

艺术成果汇报演出现场

　　2016年12月29日，在即墨市文化中心举办"梨园润童心"即墨市第四实验小学柳腔进校园专场汇报演出，青岛市体卫艺处、市委宣传部、市人大、市文化局、市教体局等相关领导及兄弟学校音乐教师代表和我校师生家长近千人参加了这次活动。

汇报演出后领导、学生合影

王成广校长接受采访

2017 年 1 月 12 日，青岛电视台《校园情报站》对我校进行了报道。

2017 年 1 月 15 日，《逛古城》参加"金鸡起舞闹新春"即墨市 2017 少儿春节晚会。

《逛古城》演出现场

《太平盛世》演出现场

2017 年 2 月 10 日，表演唱《太平盛世》参加"百姓舞台、幸福欢歌"即墨市 2017 新春惠民文艺演出。

2017 年 2 月 11 日，《太平盛世》参加元宵节踩街活动。

学生参加元宵节踩街活动

2017 年 4 月 22 日，《古诗新唱》参加"书香即墨、阅读悦美"全民读书活动开幕式。

读书活动开幕式现场

这次活动的主题是读书，在考虑让柳腔这个地方戏曲登台展示的时候也要与读书加以联系。学校老师和柳腔剧团的老师在商量的过程中，决定尝试用柳腔的腔调演唱古诗，老师们选取了《静夜思》《游子吟》两首诗，剧团毛元桥老师连夜将两首诗进行谱曲。柳腔的腔调配上古诗的意境，不但学生耳熟能详，而且朗朗上口，学生们都非常喜欢，取得了意想不到的效果，也得到了现场领导和观众的好评。现在，柳腔版《唱唐诗》已经成为我校同学们的必学曲目。

　　2017年5月1日，和柳腔剧团老师一同参加"天一明峰之夜"演唱会开场节目演出。

学生表演现场

　　2017年5月21日，《唱唐诗》参加即墨市"六一"儿童节会演。

学生表演《唱唐诗》

2017 年 5 月 24 日，器乐合奏《柳腔新韵》参加青岛市艺术节比赛。

为进一步丰富柳腔的表现形式，我校专门请青岛市交响乐团作曲家、指挥家刘涌老师根据即墨柳腔元素，创作了民族打击乐合奏《柳腔新韵》。该曲以柳腔唱腔为素材编写旋律，在民族打击乐的基础上加上二胡等民族乐器，进行了有益的探索，体现了柳腔的传承与创新。

青岛市器乐比赛现场

2017 年 6 月 2 日，《柳腔古诗表演唱》参加青岛市第二届中小学生"学国学 诵经典 传美德"竞赛和展演活动。

学生参加展演活动

2017 年 7 月，《司马光砸缸》参加"我是即墨人"小品大赛。

学生参加小品大赛

2017 年 9 月 22 日，举办"梨园润童心"即墨市第四实验小学即墨古城柳腔专场演出。

学生在古城戏台进行表演

2017年9月,《戏曲连唱》参加青岛市第五届中小学生戏剧节。

2017 年 11 月 8-9 日,由教育部发展研究中心、青岛市教育局联合主办、青岛市教科院承办的

戏剧节现场

"STEAM 教育与学校课程建设"学术论坛在青岛举行。我校王成广校长做《让乡音、乡情、乡韵润泽孩子心灵——以柳腔课程开发实施为例》典型发言。

王成广校长在论坛发言

会议手册

2018年1月21日,《读唐诗》参加中国教育电视台举办的"家国迎新——第二届国学春晚"录制,并于2月16日(正月初一)在中国教育电视台播出。

《国学春晚》录制现场

2018年6月,柳腔案例《小学柳腔课程开发与实施》发表于山东省教育厅主办的《现代教育》。

《现代教育》部分内容

2018 年 11 月 30 日，《即墨柳腔》获评青岛市精品课程。

青岛市精品课程证书

2018 年 12 月 14，柳腔《唱古诗》参加青岛市艺术展演。

学生参加青岛市艺术展演

2019年3月，案例《让乡音、乡韵、乡情润泽孩子心灵》获山东省第六届中小学生艺术展演一等奖。

2019年3月，《司马光砸缸》获山东省第六届中小学生艺术展演校园剧一等奖。

这两个奖项可以说是我校的骄傲，不但含金量非常高，而且当年整个即墨区只有五项获奖，我校加上一项美术类独得三项。

省艺术展演获奖证书

2019年5月19日，《墙头记》在青岛音乐厅参加省小梅花选拔赛。这次活动张成林团长带领剧团全力以赴，大力支持，伴奏人员、化妆人员整整去了一车，为进入复赛提供了坚强的支持。

省小梅花比赛颁奖现场

2019年5月29日，《新墙头记》等3个柳腔节目，参加我校承办的全区"六一"节庆祝活动。我区教体局李德军局长、贵州紫云教育局周文科局长、我区团委等领导参加了现场会。

学生表演《新墙头记》

领导们和小演员们合影

2019 年 6 月 21 日, 参加青岛市即墨区教体局"艺动城乡"系列活动。

"艺动城乡"系列活动现场

2019 年 6 月 21 日, 中国政府网以《"十个一"特色课程伴学生成长》图片新闻的形式报道我校柳腔进校园。

中国政府网报道截图

2019 年 7 月，《新墙头记》获全国小梅花编排类最佳集体节目奖。

获奖后小演员们合影

2019 年 8 月 17 日，小演员们在即墨古城参加庆祝中华人民共和国成立 70 周年《我和我的祖国》快闪拍摄。

古城快闪现场

2019 年 8 月 26 日，《花灯记》参加青岛市首届青年时尚艺术节。

学生们表演《花灯记》

2019 年 9 月 29 日，《新墙头记》参加即墨区"我爱你中国"庆祝中华人民共和国成立 70 周年文艺演出。

演出后全体人员合影

　　2019 年 10 月 17 日，跟袁玲老师参加由青岛市文联主办的"薪火相传"青岛市庆祝中华人民共和国成立 70 周年地方戏曲晚会。

晚会后师生合影

　　2019 年 10 月 24 日，《新墙头记》参加青岛市班级戏剧、朗诵展演。

戏剧、朗诵展演现场

2019 年 12 月 6 日，"崂山区——即墨区第四实验小学戏动城乡"走进我校演出。

学生们表演水袖

2019 年 12 月 27 日，中央电视台戏曲频道《梨园周刊》栏目播出的《古城即墨》中播出我校推广戏曲进校园。

中央电视台播出视频截图

2020 年 6 月,《戏曲进校园与学生核心素养培养的思考》发表于《天津教育》。

在《天津教育》发表的论文

2020 年 11 月 17 日,青岛市京剧院送戏进校园。

巩发艺院长(中)带领学生们学习表演骑马

巩发艺院长首先介绍了京剧的起源,徽班进京,然后分别介绍了戏曲角色特点、京白及乐队。艺术家们现场为同学们表演了每个角色的戏曲片段。最后,教学生骑马等戏曲表演。孩子们热情非常高,争相模仿。这次也给了我们启示,戏曲进校园可以以多种形式,让学生更好地理解和喜欢。

2020 年 11 月 19 日，《地方戏曲"即墨柳腔"校本化的研究与探索》获青岛市市级教学成果奖一等奖。

市级教学成果获奖证书

这次教学成果的取得，既是偶然，又是必然。说偶然，在于学校对于教学成果的申报没有任何准备，上级下发通知后，我们对于教学成果奖的申报流程、撰写方式等没有明晰的认识，也没有任何参考资料或指导者，完全是抱着一种试试的心态参加。我只是根据表格的要求，把近10 年来的工作和成绩进行了梳理，结合自己的两篇论文，进行了撰写。说必然，是所有的成果都是多年来亲自实践和探索得来的，并取得了一系列的成绩。

2020 年 11 月 20 日，艺动城乡走进大信中心校大金家小学，同学们带去了《新柜中缘》等精彩节目，受到当地小朋友的喜欢，时任教体局兰克庭副局长等参加活动。

观众们观看演出

演出现场

获奖证书

柳腔教材封面

2020年11月，《新柜中缘》获青岛市文化旅游局组织的第八届"海燕奖"群众文艺原创作品大赛三等奖。

2021年1月，《即墨柳腔》校本教材出版。

2020年12月7日，著名作曲家王沛到校请小演员们给自己的作品伴舞。图为王沛给学生们讲解曲子。

王沛给学生们讲解曲子

2021 年 5 月 10 日，区政协副主席、工商联主席迟建珉，区政协教科文卫体与文史工作室主任邹宗爱到校调研柳腔进校园情况。

相关领导观看《新柜中缘》

2021 年 5 月 19 日，柳腔《花灯记》参加山东省基础教育美育研讨会成果汇报演出。

省美育研讨会现场

演出后小演员们合影

2021 年 7 月 10 日，在即墨经济开发区参加央视少儿频道大手拉小手演出。

演出后合影

学生表演《花灯记》

2021 年 8 月，在"中国少儿戏曲小梅花荟萃"山东省选拔赛中，《新柜中缘》荣获集体二等奖。

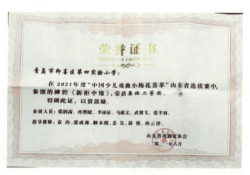

获奖证书

2021 年 10 月，青岛市教育科学"十三五"规划课题《即墨柳腔校本课程开发实施的研究》结题。

结题证书

2021 年 11 月，柳腔版英语模仿秀《花木兰》获即墨区一等奖。

英语模仿秀《花木兰》

2021 年 11 月，《再唱山歌给党听》在区教师风采大赛中获一等奖。

教师表演现场

2021 年 11 月 23 日，教育部办公厅公布我校为第三批全国中小学中华优秀传统文化传承学校。在青岛市各级各类学校中一共有 5 所学校获得这一荣誉，我校是我区唯一一所。

中华优秀传统文化传承学校公布文件

2021 年 11 月 28 日，青岛电视台《青岛新闻》以"推动传承和保护，让非遗焕发新活力"为题播出我校柳腔进校园。

《青岛新闻》视频截图

2021年12月27日，《大众日报》报道《实践站里学"柳腔"》。

《大众日报》部分版面

2022年3月10日，《新即墨》以《柳腔教育有声有色》为题报道我校柳腔进校园。

2022年3月10日 星期四　　民生 3
责编：胡彦彭　美编：刘帅　校对：常中彦

实验四小

柳腔教育有声有色

日前，区实验四小获评"全国中小学中华优秀传统文化传承学校"，为青岛市5所入选学校之一，标志着该校在艺术教育上又收获一沉甸甸的成果。强化文化育人理念，依托地域资源优势，积极把国家级非遗项目即墨柳腔引进校园，用乡音、乡情、乡韵浸润泽学生身心成长，该校打造出一张鲜亮教育名片。

柳腔纳入校本课程

实验四小在开设柳腔社团的基础上，于2015年又成立了即墨柳腔少儿培训基地，并将柳腔纳入校本课程。根据学生特点编写了《即墨柳腔》校本教材，内容涵盖柳腔的起源、特点、唱腔、表演、创作及有思想教育意义的柳腔故事等。低中高年级实行分学段学习。

学校每学期在校本课程时间安排了8至10课时，并在实践中建立起融合多学科的柳腔教学体系。"我们在

教学中贯穿STEAM课程理念，加强多学科的融合，把柳腔教学内容进行分解。由不同学科老师分工实施，合作完成。像音乐教师负责唱腔、身段等，语文老师负责剧本、台词等。"副校长孙云泽介绍。

柳腔传承人进校授课

柳腔教学的有效开展，关键得靠师资做保障。学校充分利用内部资源，建立起以音乐教师为骨干，由在戏曲方面有专长或者爱好的老师组成、涵盖音乐、美术、体育、语文、品德等学科的复合型柳腔教师队伍，并通过让老师走出去学"等方式加强交流学习，提高教师专业水平。

学校还定期邀请青岛歌舞剧院、即墨柳腔剧团等艺术团体的专业演员到校授课，从身段、唱腔、戏曲理论等方面对师生进行系统指导培训。"学校开展柳腔教育很有意义，既让学生发展了兴趣特长，得到了戏曲艺术的

熏陶，又能把这一传统文化继承发扬下去。"即墨柳腔传承人袁玲表示。

充分发挥戏曲育人功能

在推进柳腔进校园过程中，学校将戏曲中体现核心素养的部分提炼出来，渗透到教育教学各个方面。在劳动教育中，把学生日常生活的劳动内容改编成唱词进行学习；在品德教育中，通过柳腔汇报展示等，名家名段赏析、戏曲知识竞答等形式，对学生进行旋律美、前神美、身段美等方面教育；组织学生走进剧场、敬老院、社区，挖掘柳腔素材，编写柳腔剧本，演出柳腔作品，培养学生团结协作、创新实践等能力。

"我很喜欢柳腔，从中学到了很多知识，通过登台演出锻炼，变得更加大胆自信了。"五年级一班学生张润倩说。

（王功修）

**王萌荣获
省三八红旗手称号**

全国妇联、山东省妇联三八红旗手（标兵）和三八红旗集体评选名单日前出炉，我区王萌获得山东省三八红旗手称号。

王萌是北安街道新都社区党委书记、居委会主任。自2009年开始从事社区工作，通过党建引领，挖掘社区能人，引进多方资源参与社区共治，取得显著成效。在古城社区建立起27名女性网格员组成的社区服务体系。在名都苑社区建立了青岛市首家军事纠纷多元化调处中心，开展问题青少年、反家暴等项目。在新都社区建了"巾帼芳华点亮新都"妇女微家，组建了妇联执委牵头的工作室。实施妇联执委领办项目。提起8大项目清单。党员干部、巾帼志愿者带头认领"温暖到家供需服务"等10个服务项目，围绕文明典范城市创建、垃圾分类、环境整洁等重点工作，为社区居民提供供暖服务。引进"放学来吧"项目。楼宇妇联主席带头认领项目，服务孩子500余人次。建立西区军事联会实践创新基地，以"新联会助力+项目合作"的模式实现阵地建设12个。创建"初心亮新都"主题党日品牌，开展"我来讲党课"活动。建立"能人工作坊"，聚集社区能人，组建13支志愿队。自2020年以来，培育11个市级以上先进家庭和个人。

（妇宣）

《新即墨》部分版面

2022年4月，案例《梨园润童心——地方戏曲"校本化"传承的探索与实施》获山东省第七届中小学生艺术展演一等奖。

省艺术展演获奖证书

2022年4月12日及4月14日，《光明日报》《新即墨》先后以《500余种"课后服务"惠及8万余名学生》报道我校柳腔课后活动。

《光明日报》部分版面

2022年7月12日，《地方戏曲校本化的研究与实践》获得山东省省级教学成果奖二等奖。

省级教学成果证书

2023 年 2 月 1 日、2 月 28 日，王波校长分别以《办一所"有戏"的学校》为题在即墨区校长中心论坛、青岛市 2023 年第二期校长论坛上做典型发言。

王波校长在论坛发言

2023 年 3 月 30 日，即墨区课题开题现场会在我校召开，被列为区重点课题的我校柳腔课题开题。

开题现场会后部分师生合影

2023 年 5 月 15 日，新华社报道我校柳腔社团。

《新华网》报道截图

2023 年 7 月 15 日，柳腔表演唱《劳动最光荣》参加青岛市劳动教育现场会。

活动后与领导、老师们合影

后 记

实验四小柳腔进校园 10 余年，该书的成书也历经 10 余年，看来内容很多，实则主要进行的是整理工作，这其中从政策的理解把握到进校园的一些具体做法，从一个个柳腔人的故事到每一个发展历程，都不是刻意而为，而是在多年的日常工作中一点一滴记录积累而成。

其中记录的是国家弘扬传统文化，上级各部门推动戏曲进校园的不断深入；记录的是柳腔剧团与实验四小一大批投身戏曲传承与教学人士的执着追求；记录的是学生的点滴进步；记录的是实验四小把一个小小的柳腔社团打造成一所"有戏"的学校……

2020 年，王波校长推动了柳腔教材的编辑出版。2023 年，刘翠玲校长又进一步推动将此 10 余年的做法及经验进行总结。通过薛艳等老师的协助校对到最后出版，以期达到总结反思，将戏曲进校园做得越来越好，越来越深入。同样期待同行提出宝贵的意见和建议！

该书在编写过程中得到了柳腔剧团的大力支持，引用了其部分文字、图片资料。还采用了邱龙江、梁孝鹏、姜兆荣及其他摄影家拍摄报道学校柳腔的作品，在此一并表示感谢！